INDONÉSIEN
VOCABULAIRE

POUR L'AUTOFORMATION

FRANÇAIS
INDONÉSIEN

Les mots les plus utiles
Pour enrichir votre vocabulaire et aiguiser
vos compétences linguistiques

7000 mots

Vocabulaire Français-Indonésien pour l'autoformation. 7000 mots
Dictionnaire thématique
Par Andrey Taranov

Les dictionnaires T&P Books ont pour but de vous aider à apprendre, à mémoriser et à réviser votre vocabulaire en langue étrangère. Ce dictionnaire thématique couvre tous les grands domaines du quotidien: l'économie, les sciences, la culture, etc ...

Acquérir du vocabulaire avec les dictionnaires thématiques T&P Books vous offre les avantages suivants:

- Les données d'origine sont regroupées de manière cohérente, ce qui vous permet une mémorisation lexicale optimale
- La présentation conjointe de mots ayant la même racine vous permet de mémoriser des groupes sémantiques entiers (plutôt que des mots isolés)
- Les sous-groupes sémantiques vous permettent d'associer les mots entre eux de manière logique, ce qui facilite votre consolidation du vocabulaire
- Votre maîtrise de la langue peut être évaluée en fonction du nombre de mots acquis

T&P Books Publishing
www.tpbooks.com

ISBN: 978-1-78616-484-1

Ce livre existe également en format électronique.
Pour plus d'informations, veuillez consulter notre site: www.tpbooks.com ou rendez-vous sur ceux des grandes librairies en ligne.

VOCABULAIRE INDONÉSIEN POUR L'AUTOFORMATION
Dictionnaire thématique

Les dictionnaires T&P Books ont pour but de vous aider à apprendre, à mémoriser et à réviser votre vocabulaire en langue étrangère. Ce lexique présente, de façon thématique, plus de 7000 mots les plus fréquents de la langue.

- Ce livre comporte les mots les plus couramment utilisés
- Son usage est recommandé en complément de l'étude de toute autre méthode de langue
- Il répond à la fois aux besoins des débutants et à ceux des étudiants en langues étrangères de niveau avancé
- Il est idéal pour un usage quotidien, des séances de révision ponctuelles et des tests d'auto-évaluation
- Il vous permet de tester votre niveau de vocabulaire

Spécificités de ce dictionnaire thématique:

- Les mots sont présentés de manière sémantique, et non alphabétique
- Ils sont répartis en trois colonnes pour faciliter la révision et l'auto-évaluation
- Les groupes sémantiques sont divisés en sous-groupes pour favoriser l'apprentissage
- Ce lexique donne une transcription simple et pratique de chaque mot en langue étrangère

Ce dictionnaire comporte 198 thèmes, dont:

les notions fondamentales, les nombres, les couleurs, les mois et les saisons, les unités de mesure, les vêtements et les accessoires, les aliments et la nutrition, le restaurant, la famille et les liens de parenté, le caractère et la personnalité, les sentiments et les émotions, les maladies, la ville et la cité, le tourisme, le shopping, l'argent, la maison, le foyer, le bureau, la vie de bureau, l'import-export, le marketing, la recherche d'emploi, les sports, l'éducation, l'informatique, l'Internet, les outils, la nature, les différents pays du monde, les nationalités, et bien d'autres encore ...

TABLE DES MATIÈRES

GUIDE DE PRONONCIATION

Lettre	Exemple en indonésien	Alphabet phonétique T&P	Exemple en français
Aa	zaman	[a]	classe
Bb	besar	[b]	bureau
Cc	kecil, cepat	[tʃ]	match
Dd	dugaan	[d]	document
Ee	segera, mencium	[e], [ə]	vers
Ff	berfungsi	[f]	formule
Gg	juga, lagi	[g]	gris
Hh	hanya, bahwa	[h]	[h] aspiré
Ii	izin, sebagai ganti	[i], [j]	stylo, maillot
Jj	setuju, ijin	[dʒ]	tadjik
Kk	kemudian, tidak	[k], [']	bocal, coup de glotte
Ll	dilarang	[l]	vélo
Mm	melihat	[m]	minéral
Nn	berenang	[n], [ŋ]	ananas, parking
Oo	toko roti	[o:]	tableau
Pp	peribahasa	[p]	panama
Qq	Aquarius	[k]	bocal
Rr	ratu, riang	[r]	rouge
Ss	sendok, syarat	[s], [ʃ]	syndicat, chariot
Tt	tamu, adat	[t]	tennis
Uu	ambulans	[u]	boulevard
Vv	renovasi	[v]	rivière
Ww	pariwisata	[w]	iguane
Xx	boxer	[ks]	taxi
Yy	banyak, syarat	[j]	maillot
Zz	zamrud	[z]	gazeuse

Combinaisons de lettres

aa	maaf	[aʔa]	a+coup de glotte
kh	khawatir	[h]	[h] aspiré
th	Gereja Lutheran	[t]	tennis
-k	tidak	[']	coup de glotte

ABRÉVIATIONS
employées dans ce livre

Abréviations en français

adj	-	adjective
adv	-	adverbe
anim.	-	animé
conj	-	conjonction
dénombr.	-	dénombrable
etc.	-	et cetera
f	-	nom féminin
f pl	-	féminin pluriel
fam.	-	familiar
fem.	-	féminin
form.	-	formal
inanim.	-	inanimé
indénombr.	-	indénombrable
m	-	nom masculin
m pl	-	masculin pluriel
m, f	-	masculin, féminin
masc.	-	masculin
math	-	mathematics
mil.	-	militaire
pl	-	pluriel
prep	-	préposition
pron	-	pronom
qch	-	quelque chose
qn	-	quelqu'un
sing.	-	singulier
v aux	-	verbe auxiliaire
v imp	-	verbe impersonnel
vi	-	verbe intransitif
vi, vt	-	verbe intransitif, transitif
vp	-	verbe pronominal
vt	-	verbe transitif

CONCEPTS DE BASE

Concepts de base. Partie 1

1. Les pronoms

je	saya, aku	[saja], [aku]
tu	engkau, kamu	[eŋkau], [kamu]
il, elle, ça	beliau, dia, ia	[beliau], [dia], [ia]
nous	kami, kita	[kami], [kita]
vous	kalian	[kalian]
vous (form., sing.)	Anda	[anda]
vous (form., pl)	Anda sekalian	[anda sekalian]
ils, elles	mereka	[mereka]

2. Adresser des vœux. Se dire bonjour. Se dire au revoir

Bonjour! (fam.)	Halo!	[halo!]
Bonjour! (form.)	Halo!	[halo!]
Bonjour! (le matin)	Selamat pagi!	[slamat pagi!]
Bonjour! (après-midi)	Selamat siang!	[slamat siaŋ!]
Bonsoir!	Selamat sore!	[slamat sore!]
dire bonjour	menyapa	[mənjapa]
Salut!	Hai!	[hey!]
salut (m)	sambutan, salam	[sambutan], [salam]
saluer (vt)	menyambut	[mənjambut]
Comment ça va?	Apa kabar?	[apa kabar?]
Quoi de neuf?	Apa yang baru?	[apa yaŋ baru?]
Au revoir! (form.)	Selamat tinggal! Selamat jalan!	[slamat tiŋgal!], [slamat dʒʲalan!]
Au revoir! (fam.)	Dadah!	[dadah!]
À bientôt!	Sampai bertemu lagi!	[sampaj bərtemu lagi!]
Adieu! (fam.)	Sampai jumpa!	[sampaj dʒʲumpa!]
Adieu! (form.)	Selamat tinggal!	[slamat tiŋgal!]
dire au revoir	berpamitan	[bərpamitan]
Salut! (À bientôt!)	Sampai nanti!	[sampaj nanti!]
Merci!	Terima kasih!	[tərima kasih!]
Merci beaucoup!	Terima kasih banyak!	[tərima kasih banjaʔ!]
Je vous en prie	Kembali! Sama-sama!	[kembali!], [sama-sama!]
Il n'y a pas de quoi	Kembali!	[kembali!]
Pas de quoi	Kembali!	[kembali!]
Excuse-moi! Excusez-moi!	Maaf, …	[maʔaf, …]
excuser (vt)	memaafkan	[memaʔafkan]

s'excuser (vp)	meminta maaf	[meminta ma'af]
Mes excuses	Maafkan saya	[ma'afkan saja]
Pardonnez-moi!	Maaf!	[ma'af!]
pardonner (vt)	memaafkan	[mema'afkan]
C'est pas grave	Tidak apa-apa!	[tida' apa-apa!]
s'il vous plaît	tolong	[toloŋ]

N'oubliez pas!	Jangan lupa!	[dʒ'aŋan lupa!]
Bien sûr!	Tentu!	[tentu!]
Bien sûr que non!	Tentu tidak!	[tentu tida'!]
D'accord!	Baiklah! Baik!	[bajklah!], [baj'!]
Ça suffit!	Cukuplah!	[ʧukuplah!]

3. Les nombres cardinaux. Partie 1

zéro	nol	[nol]
un	satu	[satu]
deux	dua	[dua]
trois	tiga	[tiga]
quatre	empat	[empat]

cinq	lima	[lima]
six	enam	[enam]
sept	tujuh	[tudʒ'uh]
huit	delapan	[delapan]
neuf	sembilan	[sembilan]

dix	sepuluh	[sepuluh]
onze	sebelas	[sebelas]
douze	dua belas	[dua belas]
treize	tiga belas	[tiga belas]
quatorze	empat belas	[empat belas]

quinze	lima belas	[lima belas]
seize	enam belas	[enam belas]
dix-sept	tujuh belas	[tudʒ'uh belas]
dix-huit	delapan belas	[delapan belas]
dix-neuf	sembilan belas	[sembilan belas]

vingt	dua puluh	[dua puluh]
vingt et un	dua puluh satu	[dua puluh satu]
vingt-deux	dua puluh dua	[dua puluh dua]
vingt-trois	dua puluh tiga	[dua puluh tiga]

trente	tiga puluh	[tiga puluh]
trente et un	tiga puluh satu	[tiga puluh satu]
trente-deux	tiga puluh dua	[tiga puluh dua]
trente-trois	tiga puluh tiga	[tiga puluh tiga]

quarante	empat puluh	[empat puluh]
quarante et un	empat puluh satu	[empat puluh satu]
quarante-deux	empat puluh dua	[empat puluh dua]
quarante-trois	empat puluh tiga	[empat puluh tiga]
cinquante	lima puluh	[lima puluh]

cinquante et un	lima puluh satu	[lima puluh satu]
cinquante-deux	lima puluh dua	[lima puluh dua]
cinquante-trois	lima puluh tiga	[lima puluh tiga]

soixante	enam puluh	[enam puluh]
soixante et un	enam puluh satu	[enam puluh satu]
soixante-deux	enam puluh dua	[enam puluh dua]
soixante-trois	enam puluh tiga	[enam puluh tiga]

soixante-dix	tujuh puluh	[tudʒʲuh puluh]
soixante et onze	tujuh puluh satu	[tudʒʲuh puluh satu]
soixante-douze	tujuh puluh dua	[tudʒʲuh puluh dua]
soixante-treize	tujuh puluh tiga	[tudʒʲuh puluh tiga]

quatre-vingts	delapan puluh	[delapan puluh]
quatre-vingt et un	delapan puluh satu	[delapan puluh satu]
quatre-vingt deux	delapan puluh dua	[delapan puluh dua]
quatre-vingt trois	delapan puluh tiga	[delapan puluh tiga]

quatre-vingt-dix	sembilan puluh	[sembilan puluh]
quatre-vingt et onze	sembulan puluh satu	[sembulan puluh satu]
quatre-vingt-douze	sembilan puluh dua	[sembilan puluh dua]
quatre-vingt-treize	sembilan puluh tiga	[sembilan puluh tiga]

4. Les nombres cardinaux. Partie 2

cent	seratus	[seratus]
deux cents	dua ratus	[dua ratus]
trois cents	tiga ratus	[tiga ratus]
quatre cents	empat ratus	[empat ratus]
cinq cents	lima ratus	[lima ratus]

six cents	enam ratus	[enam ratus]
sept cents	tujuh ratus	[tudʒʲuh ratus]
huit cents	delapan ratus	[delapan ratus]
neuf cents	sembilan ratus	[sembilan ratus]

mille	seribu	[seribu]
deux mille	dua ribu	[dua ribu]
trois mille	tiga ribu	[tiga ribu]
dix mille	sepuluh ribu	[sepuluh ribu]
cent mille	seratus ribu	[seratus ribu]
million (m)	juta	[dʒʲuta]
milliard (m)	miliar	[miliar]

5. Les nombres. Fractions

fraction (f)	pecahan	[petʃahan]
un demi	seperdua	[seperdua]
un tiers	sepertiga	[sepertiga]
un quart	seperempat	[seperempat]
un huitième	seperdelapan	[seperdelapan]

un dixième	sepersepuluh	[sepersepuluh]
deux tiers	dua pertiga	[dua pertiga]
trois quarts	tiga perempat	[tiga perempat]

6. Les nombres. Opérations mathématiques

soustraction (f)	pengurangan	[peŋuraŋan]
soustraire (vt)	mengurangkan	[məŋuraŋkan]
division (f)	pembagian	[pembagian]
diviser (vt)	membagi	[membaɡi]

addition (f)	penambahan	[penambahan]
additionner (vt)	menambahkan	[mənambahkan]
ajouter (vt)	menambahkan	[mənambahkan]
multiplication (f)	pengalian	[peŋalian]
multiplier (vt)	mengalikan	[məŋalikan]

7. Les nombres. Divers

chiffre (m)	angka	[aŋka]
nombre (m)	nomor	[nomor]
adjectif (m) numéral	kata bilangan	[kata bilaŋan]
moins (m)	minus	[minus]
plus (m)	plus	[plus]
formule (f)	rumus	[rumus]

calcul (m)	perhitungan	[pərhituŋan]
compter (vt)	menghitung	[məŋhituŋ]
calculer (vt)	menghitung	[məŋhituŋ]
comparer (vt)	membandingkan	[membandiŋkan]

Combien?	Berapa?	[bərapa?]
somme (f)	jumlah	[dʒiumlah]
résultat (m)	hasil	[hasil]
reste (m)	sisa, baki	[sisa], [baki]
quelques ...	beberapa	[beberapa]
peu de ...	sedikit	[sedikit]
reste (m)	selebihnya, sisanya	[selebihnja], [sisanja]
un et demi	satu setengah	[satu setəŋah]
douzaine (f)	lusin	[lusin]

en deux (adv)	dua bagian	[dua bagian]
en parties égales	rata	[rata]
moitié (f)	setengah	[setəŋah]
fois (f)	kali	[kali]

8. Les verbes les plus importants. Partie 1

| aider (vt) | membantu | [membantu] |
| aimer (qn) | mencintai | [məntʃintaj] |

aller (à pied)	berjalan	[bərdʒ'alan]
apercevoir (vt)	memperhatikan	[memperhatikan]
appartenir à ...	kepunyaan ...	[kepunja'an ...]
appeler (au secours)	memanggil	[memaŋgil]
attendre (vt)	menunggu	[mənuŋgu]
attraper (vt)	menangkap	[mənaŋkap]
avertir (vt)	memperingatkan	[memperiŋatkan]
avoir (vt)	mempunyai	[mempunjaj]
avoir confiance	mempercayai	[mempertʃajaj]
avoir faim	lapar	[lapar]
avoir peur	takut	[takut]
avoir soif	haus	[haus]
cacher (vt)	menyembunyikan	[mənjembunjikan]
casser (briser)	memecahkan	[memetʃahkan]
cesser (vt)	menghentikan	[məɲhentikan]
changer (vt)	mengubah	[məŋubah]
chasser (animaux)	berburu	[bərburu]
chercher (vt)	mencari ...	[məntʃari ...]
choisir (vt)	memilih	[memilih]
commander (~ le menu)	memesan	[memesan]
commencer (vt)	memulai, membuka	[memulaj], [membuka]
comparer (vt)	membandingkan	[membandiŋkan]
comprendre (vt)	mengerti	[məŋerti]
compter (dénombrer)	menghitung	[məŋhituŋ]
compter sur ...	mengharapkan ...	[məŋharapkan ...]
confondre (vt)	bingung membedakan	[biɲuŋ membedakan]
connaître (qn)	kenal	[kenal]
conseiller (vt)	menasihati	[mənasihati]
continuer (vt)	meneruskan	[məneruskan]
contrôler (vt)	mengontrol	[məŋontrol]
courir (vi)	lari	[lari]
coûter (vt)	berharga	[bərharga]
créer (vt)	menciptakan	[məntʃiptakan]
creuser (vt)	menggali	[məŋgali]
crier (vi)	berteriak	[bərteria']

9. Les verbes les plus importants. Partie 2

décorer (~ la maison)	menghiasi	[məŋhiasi]
défendre (vt)	membela	[membela]
déjeuner (vi)	makan siang	[makan siaŋ]
demander (~ l'heure)	bertanya	[bərtanja]
demander (de faire qch)	meminta	[meminta]
descendre (vi)	turun	[turun]
deviner (vt)	menerka	[mənerka]
dîner (vi)	makan malam	[makan malam]

dire (vt)	berkata	[bərkata]
diriger (~ une usine)	memimpin	[memimpin]
discuter (vt)	membicarakan	[membitʃarakan]

donner (vt)	memberi	[memberi]
donner un indice	memberi petunjuk	[memberi petundʒuʔ]
douter (vt)	ragu-ragu	[ragu-ragu]
écrire (vt)	menulis	[mənulis]
entendre (bruit, etc.)	mendengar	[məndeŋar]

entrer (vi)	masuk, memasuki	[masuk], [memasuki]
envoyer (vt)	mengirim	[məŋirim]
espérer (vi)	berharap	[bərharap]
essayer (vt)	mencoba	[məntʃoba]
être (~ fatigué)	sedang	[sedaŋ]

être (~ médecin)	ialah, adalah	[ialah], [adalah]
être d'accord	setuju	[setudʒu]
être nécessaire	dibutuhkan	[dibutuhkan]
être pressé	tergesa-gesa	[tərgesa-gesa]

étudier (vt)	mempelajari	[mempeladʒari]
excuser (vt)	memaafkan	[memaʔafkan]
exiger (vt)	menuntut	[mənuntut]
exister (vi)	ada	[ada]
expliquer (vt)	menjelaskan	[məndʒelaskan]

faire (vt)	membuat	[membuat]
faire tomber	tercecer	[tərtʃetʃer]
finir (vt)	mengakhiri	[məŋahiri]
garder (conserver)	menyimpan	[məɲimpan]
gronder, réprimander (vt)	memarahi, menegur	[memarahi], [menegur]

informer (vt)	menginformasikan	[məŋinformasikan]
insister (vi)	mendesak	[məndesaʔ]
insulter (vt)	menghina	[məŋhina]
inviter (vt)	mengundang	[məŋundaŋ]
jouer (s'amuser)	bermain	[bərmajn]

10. Les verbes les plus importants. Partie 3

libérer (ville, etc.)	membebaskan	[membebaskan]
lire (vi, vt)	membaca	[membatʃa]
louer (prendre en location)	menyewa	[məɲjewa]
manquer (l'école)	absen	[absen]
menacer (vt)	mengancam	[məŋantʃam]

mentionner (vt)	menyebut	[məɲjebut]
montrer (vt)	menunjukkan	[mənundʒuʔkan]
nager (vi)	berenang	[bərenaŋ]
objecter (vt)	keberatan	[keberatan]
observer (vt)	mengamati	[məŋamati]
ordonner (mil.)	memerintahkan	[memerintahkan]
oublier (vt)	melupakan	[melupakan]

ouvrir (vt)	membuka	[membuka]
pardonner (vt)	memaafkan	[memaʔafkan]
parler (vi, vt)	berbicara	[bərbitʃara]
participer à ...	turut serta	[turut serta]
payer (régler)	membayar	[membajar]
penser (vi, vt)	berpikir	[bərpikir]
permettre (vt)	mengizinkan	[məŋizinkan]
plaire (être apprécié)	suka	[suka]
plaisanter (vi)	bergurau	[bərgurau]
planifier (vt)	merencanakan	[merentʃanakan]
pleurer (vi)	menangis	[mənaŋis]
posséder (vt)	memiliki	[memiliki]
pouvoir (v aux)	bisa	[bisa]
préférer (vt)	lebih suka	[lebih suka]
prendre (vt)	mengambil	[məŋambil]
prendre en note	mencatat	[məntʃatat]
prendre le petit déjeuner	sarapan	[sarapan]
préparer (le dîner)	memasak	[memasaʔ]
prévoir (vt)	menduga	[mənduga]
prier (~ Dieu)	bersembahyang, berdoa	[bərsembahjaŋ], [bərdoa]
promettre (vt)	berjanji	[bərdʒⁱandʒi]
prononcer (vt)	melafalkan	[melafalkan]
proposer (vt)	mengusulkan	[məŋusulkan]
punir (vt)	menghukum	[məŋhukum]

11. Les verbes les plus importants. Partie 4

recommander (vt)	merekomendasi	[merekomendasi]
regretter (vt)	menyesal	[mənjesal]
répéter (dire encore)	mengulangi	[məŋulaŋi]
répondre (vi, vt)	menjawab	[məndʒⁱawab]
réserver (une chambre)	memesan	[memesan]
rester silencieux	diam	[diam]
réunir (regrouper)	menyatukan	[mənjatukan]
rire (vi)	tertawa	[tərtawa]
s'arrêter (vp)	berhenti	[bərhenti]
s'asseoir (vp)	duduk	[duduʔ]
sauver (la vie à qn)	menyelamatkan	[mənjelamatkan]
savoir (qch)	tahu	[tahu]
se baigner (vp)	berenang	[bərenaŋ]
se plaindre (vp)	mengeluh	[məŋeluh]
se refuser (vp)	menolak	[mənolaʔ]
se tromper (vp)	salah	[salah]
se vanter (vp)	membual	[membual]
s'étonner (vp)	heran	[heran]
s'excuser (vp)	meminta maaf	[meminta maʔaf]
signer (vt)	menandatangani	[mənandataŋani]

signifier (vt)	berarti	[bərarti]
s'intéresser (vp)	menaruh minat pada ...	[mənaruh minat pada ...]
sortir (aller dehors)	keluar	[keluar]
sourire (vi)	tersenyum	[tərsenyum]
sous-estimer (vt)	meremehkan	[meremehkan]

suivre ... (suivez-moi)	mengikuti ...	[məŋikuti ...]
tirer (vi)	menembak	[mənembaˀ]
tomber (vi)	jatuh	[dʒˈatuh]
toucher (avec les mains)	menyentuh	[mənjentuh]
tourner (~ à gauche)	membelok	[membeloˀ]

traduire (vt)	menerjemahkan	[mənerdʒˈemahkan]
travailler (vi)	bekerja	[bekerdʒˈa]
tromper (vt)	menipu	[mənipu]
trouver (vt)	menemukan	[mənemukan]
tuer (vt)	membunuh	[membunuh]
vendre (vt)	menjual	[məndʒˈual]

venir (vi)	datang	[dataŋ]
voir (vt)	melihat	[melihat]
voler (avion, oiseau)	terbang	[tərbaŋ]
voler (qch à qn)	mencuri	[mənt͡ʃuri]
vouloir (vt)	mau, ingin	[mau], [iŋin]

12. Les couleurs

couleur (f)	warna	[warna]
teinte (f)	nuansa	[nuansa]
ton (m)	warna	[warna]
arc-en-ciel (m)	pelangi	[pelaŋi]

blanc (adj)	putih	[putih]
noir (adj)	hitam	[hitam]
gris (adj)	kelabu	[kelabu]

vert (adj)	hijau	[hidʒˈau]
jaune (adj)	kuning	[kuniŋ]
rouge (adj)	merah	[merah]

bleu (adj)	biru	[biru]
bleu clair (adj)	biru muda	[biru muda]
rose (adj)	pink	[pinˀ]
orange (adj)	oranye, jingga	[oranje], [dʒiŋga]
violet (adj)	violet, ungu muda	[violet], [uŋu muda]
brun (adj)	cokelat	[t͡ʃokelat]

| d'or (adj) | keemasan | [keemasan] |
| argenté (adj) | keperakan | [keperakan] |

beige (adj)	abu-abu kecokelatan	[abu-abu ket͡ʃokelatan]
crème (adj)	krem	[krem]
turquoise (adj)	pirus	[pirus]
rouge cerise (adj)	merah tua	[merah tua]

lilas (adj)	ungu	[uŋu]
framboise (adj)	merah lembayung	[merah lembajuŋ]
clair (adj)	terang	[teraŋ]
foncé (adj)	gelap	[gelap]
vif (adj)	terang	[teraŋ]
de couleur (adj)	berwarna	[bərwarna]
en couleurs (adj)	warna	[warna]
noir et blanc (adj)	hitam-putih	[hitam-putih]
unicolore (adj)	polos, satu warna	[polos], [satu warna]
multicolore (adj)	berwarna-warni	[bərwarna-warni]

13. Les questions

Qui?	Siapa?	[siapa?]
Quoi?	Apa?	[apa?]
Où? (~ es-tu?)	Di mana?	[di mana?]
Où? (~ vas-tu?)	Ke mana?	[ke mana?]
D'où?	Dari mana?	[dari mana?]
Quand?	Kapan?	[kapan?]
Pourquoi? (~ es-tu venu?)	Mengapa?	[məŋapa?]
Pourquoi? (~ t'es pâle?)	Mengapa?	[məŋapa?]
À quoi bon?	Untuk apa?	[untu' apa?]
Comment?	Bagaimana?	[bagajmana?]
Quel? (à ~ prix?)	Apa? Yang mana?	[apa?], [yaŋ mana?]
Lequel?	Yang mana?	[yaŋ mana?]
À qui? (pour qui?)	Kepada siapa? Untuk siapa?	[kepada siapa?], [untu' siapa?]
De qui?	Tentang siapa?	[tentaŋ siapa?]
De quoi?	Tentang apa?	[tentaŋ apa?]
Avec qui?	Dengan siapa?	[deŋan siapa?]
Combien?	Berapa?	[bərapa?]
À qui?	Milik siapa?	[mili' siapa?]

14. Les mots-outils. Les adverbes. Partie 1

Où? (~ es-tu?)	Di mana?	[di mana?]
ici (c'est ~)	di sini	[di sini]
là-bas (c'est ~)	di sana	[di sana]
quelque part (être)	di suatu tempat	[di suatu tempat]
nulle part (adv)	tak ada di mana pun	[ta' ada di mana pun]
près de ...	dekat	[dekat]
près de la fenêtre	dekat jendela	[dekat dʒʲendela]
Où? (~ vas-tu?)	Ke mana?	[ke mana?]
ici (Venez ~)	ke sini	[ke sini]

là-bas (j'irai ~)	ke sana	[ke sana]
d'ici (adv)	dari sini	[dari sini]
de là-bas (adv)	dari sana	[dari sana]
près (pas loin)	dekat	[dekat]
loin (adv)	jauh	[dʒ¹auh]
près de (~ Paris)	dekat	[dekat]
tout près (adv)	dekat	[dekat]
pas loin (adv)	tidak jauh	[tidaʔ dʒ¹auh]
gauche (adj)	kiri	[kiri]
à gauche (être ~)	di kiri	[di kiri]
à gauche (tournez ~)	ke kiri	[ke kiri]
droit (adj)	kanan	[kanan]
à droite (être ~)	di kanan	[di kanan]
à droite (tournez ~)	ke kanan	[ke kanan]
devant (adv)	di depan	[di depan]
de devant (adj)	depan	[depan]
en avant (adv)	ke depan	[ke depan]
derrière (adv)	di belakang	[di belakaŋ]
par derrière (adv)	dari belakang	[dari belakaŋ]
en arrière (regarder ~)	mundur	[mundur]
milieu (m)	tengah	[teŋah]
au milieu (adv)	di tengah	[di teŋah]
de côté (vue ~)	di sisi, di samping	[di sisi], [di sampiŋ]
partout (adv)	di mana-mana	[di mana-mana]
autour (adv)	di sekitar	[di sekitar]
de l'intérieur	dari dalam	[dari dalam]
quelque part (aller)	ke suatu tempat	[ke suatu tempat]
tout droit (adv)	terus	[terus]
en arrière (revenir ~)	kembali	[kembali]
de quelque part (n'import d'où)	dari mana pun	[dari mana pun]
de quelque part (on ne sait pas d'où)	dari suatu tempat	[dari suatu tempat]
premièrement (adv)	pertama	[pertama]
deuxièmement (adv)	kedua	[kedua]
troisièmement (adv)	ketiga	[ketiga]
soudain (adv)	tiba-tiba	[tiba-tiba]
au début (adv)	mula-mula	[mula-mula]
pour la première fois	untuk pertama kalinya	[untuʔ pertama kalinja]
bien avant ...	jauh sebelum ...	[dʒ¹auh sebelum ...]
de nouveau (adv)	kembali	[kembali]
pour toujours (adv)	untuk selama-lamanya	[untuʔ selama-lamanja]
jamais (adv)	tidak pernah	[tidaʔ pernah]
de nouveau, encore (adv)	lagi, kembali	[lagi], [kembali]

maintenant (adv)	sekarang	[sekaraŋ]
souvent (adv)	sering, seringkali	[seriŋ], [seriŋkali]
alors (adv)	ketika itu	[ketika itu]
d'urgence (adv)	segera	[segera]
d'habitude (adv)	biasanya	[biasanja]

à propos, ...	ngomong-ngomong ...	[ŋomoŋ-ŋomoŋ ...]
c'est possible	mungkin	[muŋkin]
probablement (adv)	mungkin	[muŋkin]
peut-être (adv)	mungkin	[muŋkin]
en plus, ...	selain itu ...	[selajn itu ...]
c'est pourquoi ...	karena itu ...	[karena itu ...]
malgré ...	meskipun ...	[meskipun ...]
grâce à ...	berkat ...	[berkat ...]

quoi (pron)	apa	[apa]
que (conj)	bahwa	[bahwa]
quelque chose (Il m'est arrivé ~)	sesuatu	[sesuatu]
quelque chose (peut-on faire ~)	sesuatu	[sesuatu]
rien (m)	tidak sesuatu pun	[tida’ sesuatu pun]

qui (pron)	siapa	[siapa]
quelqu'un (on ne sait pas qui)	seseorang	[seseoraŋ]
quelqu'un (n'importe qui)	seseorang	[seseoraŋ]

personne (pron)	tidak seorang pun	[tida’ seoraŋ pun]
nulle part (aller ~)	tidak ke mana pun	[tida’ ke mana pun]
de personne	tidak milik siapa pun	[tida’ mili’ siapa pun]
de n'importe qui	milik seseorang	[mili’ seseoraŋ]

comme ça (adv)	sangat	[saŋat]
également (adv)	juga	[dʒ’uga]
aussi (adv)	juga	[dʒ’uga]

15. Les mots-outils. Les adverbes. Partie 2

Pourquoi?	Mengapa?	[məŋapa?]
pour une certaine raison	entah mengapa	[entah məŋapa]
parce que ...	karena ...	[karena ...]
pour une raison quelconque	untuk tujuan tertentu	[untu’ tudʒ’uan tərtentu]

et (conj)	dan	[dan]
ou (conj)	atau	[atau]
mais (conj)	tetapi, namun	[tetapi], [namun]
pour ... (prep)	untuk	[untu’]

trop (adv)	terlalu	[tərlalu]
seulement (adv)	hanya	[hanja]
précisément (adv)	tepat	[tepat]
près de ... (prep)	sekitar	[sekitar]
approximativement	kira-kira	[kira-kira]
approximatif (adj)	kira-kira	[kira-kira]

| presque (adv) | hampir | [hampir] |
| reste (m) | selebihnya, sisanya | [selebihnja], [sisanja] |

l'autre (adj)	kedua	[kedua]
autre (adj)	lain	[lain]
chaque (adj)	setiap	[setiap]
n'importe quel (adj)	sebarang	[sebaraŋ]
beaucoup (adv)	banyak	[banjaʔ]
plusieurs (pron)	banyak orang	[banjaʔ oraŋ]
tous	semua	[semua]

en échange de ...	sebagai ganti ...	[sebagaj ganti ...]
en échange (adv)	sebagai gantinya	[sebagaj gantinja]
à la main (adv)	dengan tangan	[deŋan taŋan]
peu probable (adj)	hampir tidak	[hampir tidaʔ]

probablement (adv)	mungkin	[muŋkin]
exprès (adv)	sengaja	[seŋadʒ'a]
par accident (adv)	tidak sengaja	[tidaʔ seŋadʒ'a]

très (adv)	sangat	[saŋat]
par exemple (adv)	misalnya	[misalnja]
entre (prep)	antara	[antara]
parmi (prep)	di antara	[di antara]
autant (adv)	banyak sekali	[banjaʔ sekali]
surtout (adv)	terutama	[terutama]

Concepts de base. Partie 2

16. Les jours de la semaine

lundi (m)	Hari Senin	[hari senin]
mardi (m)	Hari Selasa	[hari selasa]
mercredi (m)	Hari Rabu	[hari rabu]
jeudi (m)	Hari Kamis	[hari kamis]
vendredi (m)	Hari Jumat	[hari dʒʲumat]
samedi (m)	Hari Sabtu	[hari sabtu]
dimanche (m)	Hari Minggu	[hari miŋgu]
aujourd'hui (adv)	hari ini	[hari ini]
demain (adv)	besok	[besoʔ]
après-demain (adv)	besok lusa	[besoʔ lusa]
hier (adv)	kemarin	[kemarin]
avant-hier (adv)	kemarin dulu	[kemarin dulu]
jour (m)	hari	[hari]
jour (m) ouvrable	hari kerja	[hari kerdʒʲa]
jour (m) férié	hari libur	[hari libur]
jour (m) de repos	hari libur	[hari libur]
week-end (m)	akhir pekan	[ahir pekan]
toute la journée	seharian	[seharian]
le lendemain	hari berikutnya	[hari berikutnja]
il y a 2 jours	dua hari lalu	[dua hari lalu]
la veille	hari sebelumnya	[hari sebelumnja]
quotidien (adj)	harian	[harian]
tous les jours	tiap hari	[tiap hari]
semaine (f)	minggu	[miŋgu]
la semaine dernière	minggu lalu	[miŋgu lalu]
la semaine prochaine	minggu berikutnya	[miŋgu berikutnja]
hebdomadaire (adj)	mingguan	[miŋguan]
chaque semaine	tiap minggu	[tiap miŋgu]
2 fois par semaine	dua kali seminggu	[dua kali semiŋgu]
tous les mardis	tiap Hari Selasa	[tiap hari selasa]

17. Les heures. Le jour et la nuit

matin (m)	pagi	[pagi]
le matin	pada pagi hari	[pada pagi hari]
midi (m)	tengah hari	[teŋah hari]
dans l'après-midi	pada sore hari	[pada sore hari]
soir (m)	sore, malam	[sore], [malam]
le soir	waktu sore	[waktu sore]

nuit (f)	malam	[malam]
la nuit	pada malam hari	[pada malam hari]
minuit (f)	tengah malam	[teŋah malam]

seconde (f)	detik	[deti²]
minute (f)	menit	[menit]
heure (f)	jam	[dʒʲam]
demi-heure (f)	setengah jam	[seteŋah dʒʲam]
un quart d'heure	seperempat jam	[seperempat dʒʲam]
quinze minutes	lima belas menit	[lima belas menit]
vingt-quatre heures	siang-malam	[siaŋ-malam]

lever (m) du soleil	matahari terbit	[matahari tərbit]
aube (f)	subuh	[subuh]
point (m) du jour	dini pagi	[dini pagi]
coucher (m) du soleil	matahari terbenam	[matahari tərbenam]

tôt le matin	pagi-pagi	[pagi-pagi]
ce matin	pagi ini	[pagi ini]
demain matin	besok pagi	[beso² pagi]
cet après-midi	sore ini	[sore ini]
dans l'après-midi	pada sore hari	[pada sore hari]
demain après-midi	besok sore	[beso² sore]
ce soir	sore ini	[sore ini]
demain soir	besok malam	[beso² malam]

à 3 heures précises	pukul 3 tepat	[pukul tiga tepat]
autour de 4 heures	sekitar pukul 4	[sekitar pukul empat]
vers midi	pada pukul 12	[pada pukul belas]

dans 20 minutes	dalam 20 menit	[dalam dua puluh menit]
dans une heure	dalam satu jam	[dalam satu dʒʲam]
à temps	tepat waktu	[tepat waktu]

... moins le quart	... kurang seperempat	[... kuraŋ seperempat]
en une heure	selama sejam	[selama sedʒʲam]
tous les quarts d'heure	tiap 15 menit	[tiap lima belas menit]
24 heures sur 24	siang-malam	[siaŋ-malam]

18. Les mois. Les saisons

janvier (m)	Januari	[dʒʲanuari]
février (m)	Februari	[februari]
mars (m)	Maret	[maret]
avril (m)	April	[april]
mai (m)	Mei	[mei]
juin (m)	Juni	[dʒʲuni]

juillet (m)	Juli	[dʒʲuli]
août (m)	Augustus	[augustus]
septembre (m)	September	[september]
octobre (m)	Oktober	[oktober]
novembre (m)	November	[november]
décembre (m)	Desember	[desember]

printemps (m)	musim semi	[musim semi]
au printemps	pada musim semi	[pada musim semi]
de printemps (adj)	musim semi	[musim semi]

été (m)	musim panas	[musim panas]
en été	pada musim panas	[pada musim panas]
d'été (adj)	musim panas	[musim panas]

automne (m)	musim gugur	[musim gugur]
en automne	pada musim gugur	[pada musim gugur]
d'automne (adj)	musim gugur	[musim gugur]

hiver (m)	musim dingin	[musim diŋin]
en hiver	pada musim dingin	[pada musim diŋin]
d'hiver (adj)	musim dingin	[musim diŋin]

mois (m)	bulan	[bulan]
ce mois	bulan ini	[bulan ini]
le mois prochain	bulan depan	[bulan depan]
le mois dernier	bulan lalu	[bulan lalu]

il y a un mois	sebulan lalu	[sebulan lalu]
dans un mois	dalam satu bulan	[dalam satu bulan]
dans 2 mois	dalam 2 bulan	[dalam dua bulan]
tout le mois	sepanjang bulan	[sepandʒ¦aŋ bulan]
tout un mois	sebulan penuh	[sebulan penuh]

mensuel (adj)	bulanan	[bulanan]
mensuellement	tiap bulan	[tiap bulan]
chaque mois	tiap bulan	[tiap bulan]
2 fois par mois	dua kali sebulan	[dua kali sebulan]

année (f)	tahun	[tahun]
cette année	tahun ini	[tahun ini]
l'année prochaine	tahun depan	[tahun depan]
l'année dernière	tahun lalu	[tahun lalu]

il y a un an	setahun lalu	[setahun lalu]
dans un an	dalam satu tahun	[dalam satu tahun]
dans 2 ans	dalam 2 tahun	[dalam dua tahun]
toute l'année	sepanjang tahun	[sepandʒ¦aŋ tahun]
toute une année	setahun penuh	[setahun penuh]

chaque année	tiap tahun	[tiap tahun]
annuel (adj)	tahunan	[tahunan]
annuellement	tiap tahun	[tiap tahun]
4 fois par an	empat kali setahun	[empat kali setahun]

date (f) (jour du mois)	tanggal	[taŋgal]
date (f) (~ mémorable)	tanggal	[taŋgal]
calendrier (m)	kalender	[kalender]

six mois	setengah tahun	[seteŋah tahun]
semestre (m)	enam bulan	[enam bulan]
saison (f)	musim	[musim]
siècle (m)	abad	[abad]

19. La notion de temps. Divers

temps (m)	waktu	[waktu]
moment (m)	sekejap	[sekedʒˈap]
instant (m)	saat, waktu	[sa'at], [waktu]
instantané (adj)	seketika	[seketika]

laps (m) de temps	jangka waktu	[dʒˈaŋka waktu]
vie (f)	kehidupan, hidup	[kehidupan], [hidup]
éternité (f)	keabadiaan	[keabadia'an]

époque (f)	zaman	[zaman]
ère (f)	era	[era]
cycle (m)	siklus	[siklus]
période (f)	periode, kurun waktu	[periode], [kurun waktu]
délai (m)	jangka waktu	[dʒˈaŋka waktu]

avenir (m)	masa depan	[masa depan]
prochain (adj)	yang akan datang	[yaŋ akan dataŋ]
la fois prochaine	lain kali	[lain kali]
passé (m)	masa lalu	[masa lalu]
passé (adj)	lalu	[lalu]
la fois passée	terakhir kali	[terahir kali]

plus tard (adv)	kemudian	[kemudian]
après (prep)	sesudah	[sesudah]
à présent (adv)	sekarang	[sekaraŋ]
maintenant (adv)	saat ini	[sa'at ini]
immédiatement	segera	[segera]
bientôt (adv)	segera	[segera]
d'avance (adv)	sebelumnya	[sebelumnja]

il y a longtemps	dahulu kala	[dahulu kala]
récemment (adv)	baru-baru ini	[baru-baru ini]
destin (m)	nasib	[nasib]
souvenirs (m pl)	kenang-kenangan	[kenaŋ-kenaŋan]
archives (f pl)	arsip	[arsip]

pendant … (prep)	selama …	[selama …]
longtemps (adv)	lama	[lama]
pas longtemps (adv)	tidak lama	[tida' lama]
tôt (adv)	pagi-pagi	[pagi-pagi]
tard (adv)	terlambat	[terlambat]

pour toujours (adv)	untuk selama-lamanya	[untu' selama-lamanja]
commencer (vt)	memulai	[memulaj]
reporter (retarder)	menunda	[menunda]

en même temps (adv)	serentak	[serenta']
en permanence (adv)	tetap	[tetap]
constant (bruit, etc.)	terus menerus	[terus menerus]
temporaire (adj)	sementara	[sementara]
parfois (adv)	kadang-kadang	[kadaŋ-kadaŋ]
rarement (adv)	jarang	[dʒˈaraŋ]
souvent (adv)	sering, seringkali	[seriŋ], [seriŋkali]

20. Les contraires

| riche (adj) | kaya | [kaja] |
| pauvre (adj) | miskin | [miskin] |

| malade (adj) | sakit | [sakit] |
| en bonne santé | sehat | [sehat] |

| grand (adj) | besar | [besar] |
| petit (adj) | kecil | [ketʃil] |

| vite (adv) | cepat | [tʃepat] |
| lentement (adv) | perlahan-lahan | [pərlahan-lahan] |

| rapide (adj) | cepat | [tʃepat] |
| lent (adj) | lambat | [lambat] |

| joyeux (adj) | riang | [riaŋ] |
| triste (adj) | sedih | [sedih] |

| ensemble (adv) | bersama | [bərsama] |
| séparément (adv) | terpisah | [tərpisah] |

| à haute voix | dengan keras | [deŋan keras] |
| en silence | dalam hati | [dalam hati] |

| haut (adj) | tinggi | [tiŋgi] |
| bas (adj) | rendah | [rendah] |

| profond (adj) | dalam | [dalam] |
| peu profond (adj) | dangkal | [daŋkal] |

| oui (adv) | ya | [ya] |
| non (adv) | tidak | [tidaʔ] |

| lointain (adj) | jauh | [dʒˈauh] |
| proche (adj) | dekat | [dekat] |

| loin (adv) | jauh | [dʒˈauh] |
| près (adv) | dekat | [dekat] |

| long (adj) | panjang | [pandʒˈaŋ] |
| court (adj) | pendek | [pendeʔ] |

| bon (au bon cœur) | baik hati | [bajʔ hati] |
| méchant (adj) | jahat | [dʒˈahat] |

| marié (adj) | menikah | [mənikah] |
| célibataire (adj) | bujang | [budʒˈaŋ] |

| interdire (vt) | melarang | [melaraŋ] |
| permettre (vt) | mengizinkan | [məŋizinkan] |

| fin (f) | akhir | [ahir] |
| début (m) | permulaan | [pərmulaʔan] |

gauche (adj)	kiri	[kiri]
droit (adj)	kanan	[kanan]
premier (adj)	pertama	[pərtama]
dernier (adj)	terakhir	[tərahir]
crime (m)	kejahatan	[kedʒʲahatan]
punition (f)	hukuman	[hukuman]
ordonner (vt)	memerintahkan	[memerintahkan]
obéir (vt)	mematuhi	[mematuhi]
droit (adj)	lurus	[lurus]
courbé (adj)	melengkung	[meleŋkuŋ]
paradis (m)	surga	[surga]
enfer (m)	neraka	[neraka]
naître (vi)	lahir	[lahir]
mourir (vi)	mati, meninggal	[mati], [meniŋgal]
fort (adj)	kuat	[kuat]
faible (adj)	lemah	[lemah]
vieux (adj)	tua	[tua]
jeune (adj)	muda	[muda]
vieux (adj)	tua	[tua]
neuf (adj)	baru	[baru]
dur (adj)	keras	[keras]
mou (adj)	lunak	[lunaʔ]
chaud (tiède)	hangat	[haŋat]
froid (adj)	dingin	[diŋin]
gros (adj)	gemuk	[gemuʔ]
maigre (adj)	kurus	[kurus]
étroit (adj)	sempit	[sempit]
large (adj)	lebar	[lebar]
bon (adj)	baik	[bajʔ]
mauvais (adj)	buruk	[buruʔ]
vaillant (adj)	pemberani	[pemberani]
peureux (adj)	penakut	[penakut]

21. Les lignes et les formes

carré (m)	bujur sangkar	[budʒʲur saŋkar]
carré (adj)	persegi	[pərsegi]
cercle (m)	lingkaran	[liŋkaran]
rond (adj)	bundar	[bundar]

triangle (m)	segi tiga	[segi tiga]
triangulaire (adj)	segi tiga	[segi tiga]
ovale (m)	oval	[oval]
ovale (adj)	oval	[oval]
rectangle (m)	segi empat	[segi empat]
rectangulaire (adj)	siku-siku	[siku-siku]
pyramide (f)	piramida	[piramida]
losange (m)	rombus	[rombus]
trapèze (m)	trapesium	[trapesium]
cube (m)	kubus	[kubus]
prisme (m)	prisma	[prisma]
circonférence (f)	lingkar	[liŋkar]
sphère (f)	bulatan	[bulatan]
globe (m)	bola	[bola]
diamètre (m)	diameter	[diameter]
rayon (m)	radius, jari-jari	[radius], [dʒ'ari-dʒ'ari]
périmètre (m)	perimeter	[pərimeter]
centre (m)	pusat	[pusat]
horizontal (adj)	horizontal, mendatar	[horizontal], [mendatar]
vertical (adj)	vertikal, tegak lurus	[vertikal], [tega' lurus]
parallèle (f)	sejajar	[sedʒ'adʒ'ar]
parallèle (adj)	sejajar	[sedʒ'adʒ'ar]
ligne (f)	garis	[garis]
trait (m)	garis	[garis]
ligne (f) droite	garis lurus	[garis lurus]
courbe (f)	garis lengkung	[garis leŋkuŋ]
fin (une ~ ligne)	tipis	[tipis]
contour (m)	kontur	[kontur]
intersection (f)	titik potong	[titi' potoŋ]
angle (m) droit	sudut siku-siku	[sudut siku-siku]
segment (m)	segmen	[segmen]
secteur (m)	sektor	[sektor]
côté (m)	segi	[segi]
angle (m)	sudut	[sudut]

22. Les unités de mesure

poids (m)	berat	[berat]
longueur (f)	panjang	[pandʒ'aŋ]
largeur (f)	lebar	[lebar]
hauteur (f)	ketinggian	[ketiŋgian]
profondeur (f)	kedalaman	[kedalaman]
volume (m)	volume, isi	[volume], [isi]
aire (f)	luas	[luas]
gramme (m)	gram	[gram]
milligramme (m)	miligram	[miligram]

kilogramme (m)	kilogram	[kilogram]
tonne (f)	ton	[ton]
livre (f)	pon	[pon]
once (f)	ons	[ons]
mètre (m)	meter	[meter]
millimètre (m)	milimeter	[milimeter]
centimètre (m)	sentimeter	[sentimeter]
kilomètre (m)	kilometer	[kilometer]
mille (m)	mil	[mil]
pouce (m)	inci	[intʃi]
pied (m)	kaki	[kaki]
yard (m)	yard	[yard]
mètre (m) carré	meter persegi	[meter pərsegi]
hectare (m)	hektar	[hektar]
litre (m)	liter	[liter]
degré (m)	derajat	[deradʒiat]
volt (m)	volt	[volt]
ampère (m)	ampere	[ampere]
cheval-vapeur (m)	tenaga kuda	[tenaga kuda]
quantité (f)	kuantitas	[kuantitas]
un peu de …	sedikit …	[sedikit …]
moitié (f)	setengah	[setəŋah]
douzaine (f)	lusin	[lusin]
pièce (f)	buah	[buah]
dimension (f)	ukuran	[ukuran]
échelle (f) (de la carte)	skala	[skala]
minimal (adj)	minimal	[minimal]
le plus petit (adj)	terkecil	[tərketʃil]
moyen (adj)	sedang	[sedaŋ]
maximal (adj)	maksimal	[maksimal]
le plus grand (adj)	terbesar	[tərbesar]

23. Les récipients

bocal (m) en verre	gelas	[gelas]
boîte, canette (f)	kaleng	[kaleŋ]
seau (m)	ember	[ember]
tonneau (m)	tong	[toŋ]
bassine, cuvette (f)	baskom	[baskom]
cuve (f)	tangki	[taŋki]
flasque (f)	pelples	[pelples]
jerrican (m)	jeriken	[dʒieriken]
citerne (f)	tangki	[taŋki]
tasse (f), mug (m)	mangkuk	[maŋkuʔ]
tasse (f)	cangkir	[tʃaŋkir]

soucoupe (f)	alas cangkir	[alas tʃaŋkir]
verre (m) (~ d'eau)	gelas	[gelas]
verre (m) à vin	gelas anggur	[gelas aŋgur]
faitout (m)	panci	[pantʃi]
bouteille (f)	botol	[botol]
goulot (m)	leher	[leher]
carafe (f)	karaf	[karaf]
pichet (m)	kendi	[kendi]
récipient (m)	wadah	[wadah]
pot (m)	pot	[pot]
vase (m)	vas	[vas]
flacon (m)	botol	[botol]
fiole (f)	botol kecil	[botol ketʃil]
tube (m)	tabung	[tabuŋ]
sac (m) (grand ~)	karung	[karuŋ]
sac (m) (~ en plastique)	kantong	[kantoŋ]
paquet (m) (~ de cigarettes)	bungkus	[buŋkus]
boîte (f)	kotak, kardus	[kotak], [kardus]
caisse (f)	kotak	[kotaʔ]
panier (m)	bakul	[bakul]

24. Les matériaux

matériau (m)	bahan	[bahan]
bois (m)	kayu	[kaju]
en bois (adj)	kayu	[kaju]
verre (m)	kaca	[katʃa]
en verre (adj)	kaca	[katʃa]
pierre (f)	batu	[batu]
en pierre (adj)	batu	[batu]
plastique (m)	plastik	[plastiʔ]
en plastique (adj)	plastik	[plastiʔ]
caoutchouc (m)	karet	[karet]
en caoutchouc (adj)	karet	[karet]
tissu (m)	kain	[kain]
en tissu (adj)	kain	[kain]
papier (m)	kertas	[kertas]
de papier (adj)	kertas	[kertas]
carton (m)	karton	[karton]
en carton (adj)	karton	[karton]
polyéthylène (m)	polietilena	[polietilena]
cellophane (f)	selofana	[selofana]

linoléum (m)	**linoleum**	[linoleum]
contreplaqué (m)	**kayu lapis**	[kaju lapis]
porcelaine (f)	**porselen**	[porselen]
de porcelaine (adj)	**porselen**	[porselen]
argile (f)	**tanah liat**	[tanah liat]
de terre cuite (adj)	**gerabah**	[gerabah]
céramique (f)	**keramik**	[keramiʔ]
en céramique (adj)	**keramik**	[keramiʔ]

25. Les métaux

métal (m)	**logam**	[logam]
métallique (adj)	**logam**	[logam]
alliage (m)	**aloi, lakur**	[aloy], [lakur]
or (m)	**emas**	[emas]
en or (adj)	**emas**	[emas]
argent (m)	**perak**	[peraʔ]
en argent (adj)	**perak**	[peraʔ]
fer (m)	**besi**	[besi]
en fer (adj)	**besi**	[besi]
acier (m)	**baja**	[baʤa]
en acier (adj)	**baja**	[baʤa]
cuivre (m)	**tembaga**	[tembaga]
en cuivre (adj)	**tembaga**	[tembaga]
aluminium (m)	**aluminium**	[aluminium]
en aluminium (adj)	**aluminium**	[aluminium]
bronze (m)	**perunggu**	[peruŋgu]
en bronze (adj)	**perunggu**	[peruŋgu]
laiton (m)	**kuningan**	[kuniɲan]
nickel (m)	**nikel**	[nikel]
platine (f)	**platinum**	[platinum]
mercure (m)	**air raksa**	[air raksa]
étain (m)	**timah**	[timah]
plomb (m)	**timbal**	[timbal]
zinc (m)	**seng**	[seŋ]

L'HOMME

L'homme. Le corps humain

26. L'homme. Notions fondamentales

être (m) humain	manusia	[manusia]
homme (m)	laki-laki, pria	[laki-laki], [pria]
femme (f)	perempuan, wanita	[pərempuan], [wanita]
enfant (m, f)	anak	[ana']
fille (f)	anak perempuan	[ana' pərempuan]
garçon (m)	anak laki-laki	[ana' laki-laki]
adolescent (m)	remaja	[remadʒ'a]
vieillard (m)	lelaki tua	[lelaki tua]
vieille femme (f)	perempuan tua	[pərempuan tua]

27. L'anatomie humaine

organisme (m)	organisme	[organisme]
cœur (m)	jantung	[dʒ'antuŋ]
sang (m)	darah	[darah]
artère (f)	arteri, pembuluh darah	[arteri], [pembuluh darah]
veine (f)	vena	[vena]
cerveau (m)	otak	[ota']
nerf (m)	saraf	[saraf]
nerfs (m pl)	saraf	[saraf]
vertèbre (f)	ruas	[ruas]
colonne (f) vertébrale	tulang belakang	[tulaŋ belakaŋ]
estomac (m)	lambung	[lambuŋ]
intestins (m pl)	usus	[usus]
intestin (m)	usus	[usus]
foie (m)	hati	[hati]
rein (m)	ginjal	[gindʒ'al]
os (m)	tulang	[tulaŋ]
squelette (f)	skelet, rangka	[skelet], [raŋka]
côte (f)	tulang rusuk	[tulaŋ rusu']
crâne (m)	tengkorak	[teŋkora']
muscle (m)	otot	[otot]
biceps (m)	bisep	[bisep]
triceps (m)	trisep	[trisep]
tendon (m)	tendon	[tendon]
articulation (f)	sendi	[sendi]

poumons (m pl)	paru-paru	[paru-paru]
organes (m pl) génitaux	kemaluan	[kemaluan]
peau (f)	kulit	[kulit]

28. La tête

tête (f)	kepala	[kepala]
visage (m)	wajah	[wadʒ'ah]
nez (m)	hidung	[hiduŋ]
bouche (f)	mulut	[mulut]

œil (m)	mata	[mata]
les yeux	mata	[mata]
pupille (f)	pupil, biji mata	[pupil], [bidʒi mata]
sourcil (m)	alis	[alis]
cil (m)	bulu mata	[bulu mata]
paupière (f)	kelopak mata	[kelopa' mata]

langue (f)	lidah	[lidah]
dent (f)	gigi	[gigi]
lèvres (f pl)	bibir	[bibir]
pommettes (f pl)	tulang pipi	[tulaŋ pipi]
gencive (f)	gusi	[gusi]
palais (m)	langit-langit mulut	[laŋit-laŋit mulut]

narines (f pl)	lubang hidung	[lubaŋ hiduŋ]
menton (m)	dagu	[dagu]
mâchoire (f)	rahang	[rahaŋ]
joue (f)	pipi	[pipi]

front (m)	dahi	[dahi]
tempe (f)	pelipis	[pelipis]
oreille (f)	telinga	[teliŋa]
nuque (f)	tengkuk	[teŋku']
cou (m)	leher	[leher]
gorge (f)	tenggorok	[teŋgoro']

cheveux (m pl)	rambut	[rambut]
coiffure (f)	tatanan rambut	[tatanan rambut]
coupe (f)	potongan rambut	[potoŋan rambut]
perruque (f)	wig, rambut palsu	[wig], [rambut palsu]

moustache (f)	kumis	[kumis]
barbe (f)	janggut	[dʒ'aŋgut]
porter (~ la barbe)	memelihara	[memelihara]
tresse (f)	kepang	[kepaŋ]
favoris (m pl)	brewok	[brewo']

roux (adj)	merah pirang	[merah piraŋ]
gris, grisonnant (adj)	beruban	[bəruban]
chauve (adj)	botak, plontos	[botak], [plontos]
calvitie (f)	botak	[bota']
queue (f) de cheval	ekor kuda	[ekor kuda]
frange (f)	poni rambut	[poni rambut]

29. Le corps humain

main (f)	**tangan**	[taŋan]
bras (m)	**lengan**	[leŋan]

doigt (m)	**jari**	[dʒʲari]
orteil (m)	**jari**	[dʒʲari]
pouce (m)	**jempol**	[dʒʲempol]
petit doigt (m)	**jari kelingking**	[dʒʲari keliŋkiŋ]
ongle (m)	**kuku**	[kuku]

poing (m)	**kepalan tangan**	[kepalan taŋan]
paume (f)	**telapak**	[telapaʔ]
poignet (m)	**pergelangan**	[pərgelaŋan]
avant-bras (m)	**lengan bawah**	[leŋan bawah]
coude (m)	**siku**	[siku]
épaule (f)	**bahu**	[bahu]

jambe (f)	**kaki**	[kaki]
pied (m)	**telapak kaki**	[telapaʔ kaki]
genou (m)	**lutut**	[lutut]
mollet (m)	**betis**	[betis]
hanche (f)	**paha**	[paha]
talon (m)	**tumit**	[tumit]

corps (m)	**tubuh**	[tubuh]
ventre (m)	**perut**	[perut]
poitrine (f)	**dada**	[dada]
sein (m)	**payudara**	[pajudara]
côté (m)	**rusuk**	[rusuʔ]
dos (m)	**punggung**	[puŋguŋ]
reins (région lombaire)	**pinggang bawah**	[piŋgaŋ bawah]
taille (f) (~ de guêpe)	**pinggang**	[piŋgaŋ]

nombril (m)	**pusar**	[pusar]
fesses (f pl)	**pantat**	[pantat]
derrière (m)	**pantat**	[pantat]

grain (m) de beauté	**tanda lahir**	[tanda lahir]
tache (f) de vin	**tanda lahir**	[tanda lahir]
tatouage (m)	**tato**	[tato]
cicatrice (f)	**parut luka**	[parut luka]

Les vêtements & les accessoires

30. Les vêtements d'extérieur

vêtement (m)	pakaian	[pakajan]
survêtement (m)	pakaian luar	[pakajan luar]
vêtement (m) d'hiver	pakaian musim dingin	[pakajan musim diŋin]
manteau (m)	mantel	[mantel]
manteau (m) de fourrure	mantel bulu	[mantel bulu]
veste (f) de fourrure	jaket bulu	[dʒ'aket bulu]
manteau (m) de duvet	jaket bulu halus	[dʒ'aket bulu halus]
veste (f) (~ en cuir)	jaket	[dʒ'aket]
imperméable (m)	jas hujan	[dʒ'as hudʒ'an]
imperméable (adj)	kedap air	[kedap air]

31. Les vêtements

chemise (f)	kemeja	[kemedʒ'a]
pantalon (m)	celana	[tʃelana]
jean (m)	celana jins	[tʃelana dʒins]
veston (m)	jas	[dʒ'as]
complet (m)	setelan	[setelan]
robe (f)	gaun	[gaun]
jupe (f)	rok	[ro']
chemisette (f)	blus	[blus]
veste (f) en laine	jaket wol	[dʒ'aket wol]
jaquette (f), blazer (m)	jaket	[dʒ'aket]
tee-shirt (m)	baju kaus	[badʒ'u kaus]
short (m)	celana pendek	[tʃelana pende']
costume (m) de sport	pakaian olahraga	[pakajan olahraga]
peignoir (m) de bain	jubah mandi	[dʒ'ubah mandi]
pyjama (m)	piyama	[piyama]
chandail (m)	sweter	[sweter]
pull-over (m)	pulover	[pulover]
gilet (m)	rompi	[rompi]
queue-de-pie (f)	jas berbuntut	[dʒ'as bərbuntut]
smoking (m)	jas malam	[dʒ'as malam]
uniforme (m)	seragam	[seragam]
tenue (f) de travail	pakaian kerja	[pakajan kerdʒ'a]
salopette (f)	baju monyet	[badʒ'u monjet]
blouse (f) (d'un médecin)	jas	[dʒ'as]

32. Les sous-vêtements

sous-vêtements (m pl)	pakaian dalam	[pakajan dalam]
boxer (m)	celana dalam lelaki	[tʃelana dalam lelaki]
slip (m) de femme	celana dalam wanita	[tʃelana dalam wanita]
maillot (m) de corps	singlet	[siŋlet]
chaussettes (f pl)	kaus kaki	[kaus kaki]
chemise (f) de nuit	baju tidur	[badʒʲu tidur]
soutien-gorge (m)	beha	[beha]
chaussettes (f pl) hautes	kaus kaki selutut	[kaus kaki selutut]
collants (m pl)	pantihos	[pantihos]
bas (m pl)	kaus kaki panjang	[kaus kaki pandʒʲaŋ]
maillot (m) de bain	baju renang	[badʒʲu renaŋ]

33. Les chapeaux

chapeau (m)	topi	[topi]
chapeau (m) feutre	topi bulat	[topi bulat]
casquette (f) de base-ball	topi bisbol	[topi bisbol]
casquette (f)	topi pet	[topi pet]
béret (m)	baret	[baret]
capuche (f)	kerudung kepala	[keruduŋ kepala]
panama (m)	topi panama	[topi panama]
bonnet (m) de laine	topi rajut	[topi radʒʲut]
foulard (m)	tudung kepala	[tuduŋ kepala]
chapeau (m) de femme	topi wanita	[topi wanita]
casque (m) (d'ouvriers)	topi baja	[topi badʒʲa]
calot (m)	topi lipat	[topi lipat]
casque (m) (~ de moto)	helm	[helm]
melon (m)	topi bulat	[topi bulat]
haut-de-forme (m)	topi tinggi	[topi tiŋgi]

34. Les chaussures

chaussures (f pl)	sepatu	[sepatu]
bottines (f pl)	sepatu bot	[sepatu bot]
souliers (m pl) (~ plats)	sepatu wanita	[sepatu wanita]
bottes (f pl)	sepatu lars	[sepatu lars]
chaussons (m pl)	pantofel	[pantofel]
tennis (m pl)	sepatu tenis	[sepatu tenis]
baskets (f pl)	sepatu kets	[sepatu kets]
sandales (f pl)	sandal	[sandal]
cordonnier (m)	tukang sepatu	[tukaŋ sepatu]
talon (m)	tumit	[tumit]

paire (f)	sepasang	[sepasaŋ]
lacet (m)	tali sepatu	[tali sepatu]
lacer (vt)	mengikat tali	[məŋikat tali]
chausse-pied (m)	sendok sepatu	[sendoʔ sepatu]
cirage (m)	semir sepatu	[semir sepatu]

35. Le textile. Les tissus

coton (m)	katun	[katun]
de coton (adj)	katun	[katun]
lin (m)	linen	[linen]
de lin (adj)	linen	[linen]

soie (f)	sutra	[sutra]
de soie (adj)	sutra	[sutra]
laine (f)	wol	[wol]
en laine (adj)	wol	[wol]

velours (m)	beledu	[beledu]
chamois (m)	suede	[suede]
velours (m) côtelé	korduroi	[korduroy]

nylon (m)	nilon	[nilon]
en nylon (adj)	nilon	[nilon]
polyester (m)	poliester	[poliester]
en polyester (adj)	poliester	[poliester]

cuir (m)	kulit	[kulit]
en cuir (adj)	kulit	[kulit]
fourrure (f)	kulit berbulu	[kulit bərbulu]
en fourrure (adj)	bulu	[bulu]

36. Les accessoires personnels

gants (m pl)	sarung tangan	[saruŋ taŋan]
moufles (f pl)	sarung tangan	[saruŋ taŋan]
écharpe (f)	selendang	[selendaŋ]

lunettes (f pl)	kacamata	[katʃamata]
monture (f)	bingkai	[biŋkaj]
parapluie (m)	payung	[pajuŋ]
canne (f)	tongkat jalan	[toŋkat dʒialan]
brosse (f) à cheveux	sikat rambut	[sikat rambut]
éventail (m)	kipas	[kipas]

cravate (f)	dasi	[dasi]
nœud papillon (m)	dasi kupu-kupu	[dasi kupu-kupu]
bretelles (f pl)	bretel	[bretel]
mouchoir (m)	sapu tangan	[sapu taŋan]

| peigne (m) | sisir | [sisir] |
| barrette (f) | jepit rambut | [dʒiepit rambut] |

épingle (f) à cheveux	harnal	[harnal]
boucle (f)	gesper	[gesper]
ceinture (f)	sabuk	[sabuʔ]
bandoulière (f)	tali tas	[tali tas]
sac (m)	tas	[tas]
sac (m) à main	tas tangan	[tas taŋan]
sac (m) à dos	ransel	[ransel]

37. Les vêtements. Divers

mode (f)	mode	[mode]
à la mode (adj)	modis	[modis]
couturier, créateur de mode	perancang busana	[pərantʃaŋ busana]
col (m)	kerah	[kerah]
poche (f)	saku	[saku]
de poche (adj)	saku	[saku]
manche (f)	lengan	[leŋan]
bride (f)	tali kait	[tali kait]
braguette (f)	golbi	[golbi]
fermeture (f) à glissière	ritsleting	[ritsletiŋ]
agrafe (f)	kancing	[kantʃiŋ]
bouton (m)	kancing	[kantʃiŋ]
boutonnière (f)	lubang kancing	[lubaŋ kantʃiŋ]
s'arracher (bouton)	terlepas	[tərlepas]
coudre (vi, vt)	menjahit	[məndʒⁱahit]
broder (vt)	membordir	[membordir]
broderie (f)	bordiran	[bordiran]
aiguille (f)	jarum	[dʒⁱarum]
fil (m)	benang	[benaŋ]
couture (f)	setik	[setiʔ]
se salir (vp)	kena kotor	[kena kotor]
tache (f)	bercak	[bertʃaʔ]
se froisser (vp)	kumal	[kumal]
déchirer (vt)	merobek	[merobeʔ]
mite (f)	ngengat	[ŋeŋat]

38. L'hygiène corporelle. Les cosmétiques

dentifrice (m)	pasta gigi	[pasta gigi]
brosse (f) à dents	sikat gigi	[sikat gigi]
se brosser les dents	menggosok gigi	[məŋgosoʔ gigi]
rasoir (m)	pisau cukur	[pisau tʃukur]
crème (f) à raser	krim cukur	[krim tʃukur]
se raser (vp)	bercukur	[bərtʃukur]
savon (m)	sabun	[sabun]

shampooing (m)	sampo	[sampo]
ciseaux (m pl)	gunting	[guntiŋ]
lime (f) à ongles	kikir kuku	[kikir kuku]
pinces (f pl) à ongles	pemotong kuku	[pemotoŋ kuku]
pince (f) à épiler	pinset	[pinset]
produits (m pl) de beauté	kosmetik	[kosmetiʔ]
masque (m) de beauté	masker	[masker]
manucure (f)	manikur	[manikur]
se faire les ongles	melakukan manikur	[melakukan manikur]
pédicurie (f)	pedi	[pedi]
trousse (f) de toilette	tas kosmetik	[tas kosmetiʔ]
poudre (f)	bedak	[bedaʔ]
poudrier (m)	kotak bedak	[kotaʔ bedaʔ]
fard (m) à joues	perona pipi	[perona pipi]
parfum (m)	parfum	[parfum]
eau (f) de toilette	minyak wangi	[minjaʔ waŋi]
lotion (f)	losion	[losjon]
eau de Cologne (f)	kolonye	[kolone]
fard (m) à paupières	pewarna mata	[pewarna mata]
crayon (m) à paupières	pensil alis	[pensil alis]
mascara (m)	celak	[t͡ʃelaʔ]
rouge (m) à lèvres	lipstik	[lipstiʔ]
vernis (m) à ongles	kuteks, cat kuku	[kuteks], [t͡ʃat kuku]
laque (f) pour les cheveux	semprotan rambut	[semprotan rambut]
déodorant (m)	deodoran	[deodoran]
crème (f)	krim	[krim]
crème (f) pour le visage	krim wajah	[krim wad͡ʒ'ah]
crème (f) pour les mains	krim tangan	[krim taŋan]
crème (f) anti-rides	krim antikerut	[krim antikerut]
crème (f) de jour	krim siang	[krim siaŋ]
crème (f) de nuit	krim malam	[krim malam]
de jour (adj)	siang	[siaŋ]
de nuit (adj)	malam	[malam]
tampon (m)	tampon	[tampon]
papier (m) de toilette	kertas toilet	[kertas toylet]
sèche-cheveux (m)	pengering rambut	[peŋeriŋ rambut]

39. Les bijoux. La bijouterie

bijoux (m pl)	perhiasan	[perhiasan]
précieux (adj)	mulia, berharga	[mulia], [berharga]
poinçon (m)	tanda kadar	[tanda kadar]
bague (f)	cincin	[t͡ʃint͡ʃin]
alliance (f)	cincin kawin	[t͡ʃint͡ʃin kawin]
bracelet (m)	gelang	[gelaŋ]
boucles (f pl) d'oreille	anting-anting	[antiŋ-antiŋ]

collier (m) (de perles)	kalung	[kaluŋ]
couronne (f)	mahkota	[mahkota]
collier (m) (en verre, etc.)	kalung manik-manik	[kaluŋ maniʔ-maniʔ]

diamant (m)	berlian	[bərlian]
émeraude (f)	zamrud	[zamrud]
rubis (m)	batu mirah delima	[batu mirah delima]
saphir (m)	nilakandi	[nilakandi]
perle (f)	mutiara	[mutiara]
ambre (m)	batu amber	[batu amber]

40. Les montres. Les horloges

montre (f)	arloji	[arlodʒi]
cadran (m)	piringan jam	[piriŋan dʒ'am]
aiguille (f)	jarum	[dʒ'arum]
bracelet (m)	rantai arloji	[rantaj arlodʒi]
bracelet (m) (en cuir)	tali arloji	[tali arlodʒi]

pile (f)	baterai	[bateraj]
être déchargé	mati	[mati]
changer de pile	mengganti baterai	[məŋganti bateraj]
avancer (vi)	cepat	[tʃepat]
retarder (vi)	terlambat	[tərlambat]

pendule (f)	jam dinding	[dʒ'am dindiŋ]
sablier (m)	jam pasir	[dʒ'am pasir]
cadran (m) solaire	jam matahari	[dʒ'am matahari]
réveil (m)	weker	[weker]
horloger (m)	tukang jam	[tukaŋ dʒ'am]
réparer (vt)	mereparasi, memperbaiki	[mereparasi], [memperbajki]

Les aliments. L'alimentation

41. Les aliments

viande (f)	daging	[dagiŋ]
poulet (m)	ayam	[ajam]
poulet (m) (poussin)	anak ayam	[ana' ajam]
canard (m)	bebek	[bebe']
oie (f)	angsa	[aŋsa]
gibier (m)	binatang buruan	[binataŋ buruan]
dinde (f)	kalkun	[kalkun]
du porc	daging babi	[dagiŋ babi]
du veau	daging anak sapi	[dagiŋ ana' sapi]
du mouton	daging domba	[dagiŋ domba]
du bœuf	daging sapi	[dagiŋ sapi]
lapin (m)	kelinci	[kelintʃi]
saucisson (m)	sosis	[sosis]
saucisse (f)	sosis	[sosis]
bacon (m)	bakon	[beykon]
jambon (m)	ham, daging kornet	[ham], [dagiŋ kornet]
cuisse (f)	ham	[ham]
pâté (m)	pasta	[pasta]
foie (m)	hati	[hati]
farce (f)	daging giling	[dagiŋ giliŋ]
langue (f)	lidah	[lidah]
œuf (m)	telur	[telur]
les œufs	telur	[telur]
blanc (m) d'œuf	putih telur	[putih telur]
jaune (m) d'œuf	kuning telur	[kuniŋ telur]
poisson (m)	ikan	[ikan]
fruits (m pl) de mer	makanan laut	[makanan laut]
crustacés (m pl)	krustasea	[krustasea]
caviar (m)	caviar	[kaviar]
crabe (m)	kepiting	[kepitiŋ]
crevette (f)	udang	[udaŋ]
huître (f)	tiram	[tiram]
langoustine (f)	lobster berduri	[lobster bərduri]
poulpe (m)	gurita	[gurita]
calamar (m)	cumi-cumi	[tʃumi-tʃumi]
esturgeon (m)	ikan sturgeon	[ikan sturdʒien]
saumon (m)	salmon	[salmon]
flétan (m)	ikan turbot	[ikan turbot]
morue (f)	ikan kod	[ikan kod]

maquereau (m)	ikan kembung	[ikan kembuŋ]
thon (m)	tuna	[tuna]
anguille (f)	belut	[belut]

truite (f)	ikan forel	[ikan forel]
sardine (f)	sarden	[sarden]
brochet (m)	ikan pike	[ikan paik]
hareng (m)	ikan haring	[ikan hariŋ]

pain (m)	roti	[roti]
fromage (m)	keju	[kedʒʲu]
sucre (m)	gula	[gula]
sel (m)	garam	[garam]

riz (m)	beras, nasi	[beras], [nasi]
pâtes (m pl)	makaroni	[makaroni]
nouilles (f pl)	mi	[mi]

beurre (m)	mentega	[məntega]
huile (f) végétale	minyak nabati	[minjaʔ nabati]
huile (f) de tournesol	minyak bunga matahari	[minjaʔ buŋa matahari]
margarine (f)	margarin	[margarin]

| olives (f pl) | buah zaitun | [buah zajtun] |
| huile (f) d'olive | minyak zaitun | [minjaʔ zajtun] |

lait (m)	susu	[susu]
lait (m) condensé	susu kental	[susu kental]
yogourt (m)	yogurt	[yogurt]
crème (f) aigre	krim asam	[krim asam]
crème (f) (de lait)	krim, kepala susu	[krim], [kepala susu]

| sauce (f) mayonnaise | mayones | [majones] |
| crème (f) au beurre | krim | [krim] |

gruau (m)	menir	[menir]
farine (f)	tepung	[tepuŋ]
conserves (f pl)	makanan kalengan	[makanan kaleŋan]

pétales (m pl) de maïs	emping jagung	[empiŋ dʒʲaguŋ]
miel (m)	madu	[madu]
confiture (f)	selai	[selaj]
gomme (f) à mâcher	permen karet	[pərmen karet]

42. Les boissons

eau (f)	air	[air]
eau (f) potable	air minum	[air minum]
eau (f) minérale	air mineral	[air mineral]

plate (adj)	tanpa gas	[tanpa gas]
gazeuse (l'eau ~)	berkarbonasi	[bərkarbonasi]
pétillante (adj)	bergas	[bərgas]
glace (f)	es	[es]

avec de la glace	dengan es	[deŋan es]
sans alcool	tanpa alkohol	[tanpa alkohol]
boisson (f) non alcoolisée	minuman ringan	[minuman riŋan]
rafraîchissement (m)	minuman penygar	[minuman penigar]
limonade (f)	limun	[limun]

boissons (f pl) alcoolisées	minoman beralkohol	[minoman beralkohol]
vin (m)	anggur	[aŋgur]
vin (m) blanc	anggur putih	[aŋgur putih]
vin (m) rouge	anggur merah	[aŋgur merah]

liqueur (f)	likeur	[likeur]
champagne (m)	sampanye	[sampanje]
vermouth (m)	vermouth	[vermut]

whisky (m)	wiski	[wiski]
vodka (f)	vodka	[vodka]
gin (m)	jin, jenewer	[dʒin], [dʒʲenewer]
cognac (m)	konyak	[konjaʔ]
rhum (m)	rum	[rum]

café (m)	kopi	[kopi]
café (m) noir	kopi pahit	[kopi pahit]
café (m) au lait	kopi susu	[kopi susu]
cappuccino (m)	cappuccino	[kaputʃino]
café (m) soluble	kopi instan	[kopi instan]

lait (m)	susu	[susu]
cocktail (m)	koktail	[koktajl]
cocktail (m) au lait	susu kocok	[susu kotʃoʔ]

jus (m)	jus	[dʒʲus]
jus (m) de tomate	jus tomat	[dʒʲus tomat]
jus (m) d'orange	jus jeruk	[dʒʲus dʒʲeruʔ]
jus (m) pressé	jus peras	[dʒʲus pəras]

bière (f)	bir	[bir]
bière (f) blonde	bir putih	[bir putih]
bière (f) brune	bir hitam	[bir hitam]

thé (m)	teh	[teh]
thé (m) noir	teh hitam	[teh hitam]
thé (m) vert	teh hijau	[teh hidʒʲau]

43. Les légumes

| légumes (m pl) | sayuran | [sajuran] |
| verdure (f) | sayuran hijau | [sajuran hidʒʲau] |

tomate (f)	tomat	[tomat]
concombre (m)	mentimun, ketimun	[məntimun], [ketimun]
carotte (f)	wortel	[wortel]
pomme (f) de terre	kentang	[kentaŋ]
oignon (m)	bawang	[bawaŋ]

ail (m)	bawang putih	[bawaŋ putih]
chou (m)	kol	[kol]
chou-fleur (m)	kembang kol	[kembaŋ kol]
chou (m) de Bruxelles	kol Brussels	[kol brusels]
brocoli (m)	brokoli	[brokoli]
betterave (f)	ubi bit merah	[ubi bit merah]
aubergine (f)	terung, terong	[teruŋ], [təroŋ]
courgette (f)	labu siam	[labu siam]
potiron (m)	labu	[labu]
navet (m)	turnip	[turnip]
persil (m)	peterseli	[peterseli]
fenouil (m)	adas sowa	[adas sowa]
laitue (f) (salade)	selada	[selada]
céleri (m)	seledri	[seledri]
asperge (f)	asparagus	[asparagus]
épinard (m)	bayam	[bajam]
pois (m)	kacang polong	[katʃaŋ poloŋ]
fèves (f pl)	kacang-kacangan	[katʃaŋ-katʃaŋan]
maïs (m)	jagung	[dʒ'aguŋ]
haricot (m)	kacang buncis	[katʃaŋ buntʃis]
poivron (m)	cabai	[tʃabaj]
radis (m)	radis	[radis]
artichaut (m)	artisyok	[artiʃo']

44. Les fruits. Les noix

fruit (m)	buah	[buah]
pomme (f)	apel	[apel]
poire (f)	pir	[pir]
citron (m)	jeruk sitrun	[dʒ'eru' sitrun]
orange (f)	jeruk manis	[dʒ'eru' manis]
fraise (f)	stroberi	[stroberi]
mandarine (f)	jeruk mandarin	[dʒ'eru' mandarin]
prune (f)	plum	[plum]
pêche (f)	persik	[persi']
abricot (m)	aprikot	[aprikot]
framboise (f)	buah frambus	[buah frambus]
ananas (m)	nanas	[nanas]
banane (f)	pisang	[pisaŋ]
pastèque (f)	semangka	[semaŋka]
raisin (m)	buah anggur	[buah aŋgur]
cerise (f)	buah ceri asam	[buah tʃeri asam]
merise (f)	buah ceri manis	[buah tʃeri manis]
melon (m)	melon	[melon]
pamplemousse (m)	jeruk Bali	[dʒ'eru' bali]
avocat (m)	avokad	[avokad]
papaye (f)	pepaya	[pepaja]

| mangue (f) | mangga | [maŋga] |
| grenade (f) | buah delima | [buah delima] |

groseille (f) rouge	redcurrant	[redkaren]
cassis (m)	blackcurrant	[ble'karen]
groseille (f) verte	buah arbei hijau	[buah arbei hiʤʲau]
myrtille (f)	buah bilberi	[buah bilberi]
mûre (f)	beri hitam	[beri hitam]

raisin (m) sec	kismis	[kismis]
figue (f)	buah ara	[buah ara]
datte (f)	buah kurma	[buah kurma]

cacahuète (f)	kacang tanah	[katʃaŋ tanah]
amande (f)	badam	[badam]
noix (f)	buah walnut	[buah walnut]
noisette (f)	kacang hazel	[katʃaŋ hazel]
noix (f) de coco	buah kelapa	[buah kelapa]
pistaches (f pl)	badam hijau	[badam hiʤʲau]

45. Le pain. Les confiseries

confiserie (f)	kue-mue	[kue-mue]
pain (m)	roti	[roti]
biscuit (m)	biskuit	[biskuit]

chocolat (m)	cokelat	[tʃokelat]
en chocolat (adj)	cokelat	[tʃokelat]
bonbon (m)	permen	[permen]
gâteau (m), pâtisserie (f)	kue	[kue]
tarte (f)	kue tar	[kue tar]

| gâteau (m) | pai | [pai] |
| garniture (f) | inti | [inti] |

confiture (f)	selai buah utuh	[selaj buah utuh]
marmelade (f)	marmelade	[marmelade]
gaufre (f)	wafel	[wafel]
glace (f)	es krim	[es krim]
pudding (m)	puding	[pudiŋ]

46. Les plats cuisinês

plat (m)	masakan, hidangan	[masakan], [hidaŋan]
cuisine (f)	masakan	[masakan]
recette (f)	resep	[resep]
portion (f)	porsi	[porsi]

salade (f)	salada	[salada]
soupe (f)	sup	[sup]
bouillon (m)	kaldu	[kaldu]
sandwich (m)	roti lapis	[roti lapis]

les œufs brouillés	telur mata sapi	[telur mata sapi]
hamburger (m)	hamburger	[hamburger]
steak (m)	bistik	[bistiʔ]

garniture (f)	lauk	[lauʔ]
spaghettis (m pl)	spageti	[spageti]
purée (f)	kentang tumbuk	[kentaŋ tumbuʔ]
pizza (f)	piza	[piza]
bouillie (f)	bubur	[bubur]
omelette (f)	telur dadar	[telur dadar]

cuit à l'eau (adj)	rebus	[rebus]
fumé (adj)	asap	[asap]
frit (adj)	goreng	[goreŋ]
sec (adj)	kering	[keriŋ]
congelé (adj)	beku	[beku]
mariné (adj)	marinade	[marinade]

sucré (adj)	manis	[manis]
salé (adj)	asin	[asin]
froid (adj)	dingin	[diŋin]
chaud (adj)	panas	[panas]
amer (adj)	pahit	[pahit]
bon (savoureux)	enak	[enaʔ]

cuire à l'eau	merebus	[merebus]
préparer (le dîner)	memasak	[memasaʔ]
faire frire	menggoreng	[meŋgoreŋ]
réchauffer (vt)	memanaskan	[memanaskan]

saler (vt)	menggarami	[meŋgarami]
poivrer (vt)	membubuh merica	[membubuh meritʃa]
râper (vt)	memarut	[memarut]
peau (f)	kulit	[kulit]
éplucher (vt)	mengupas	[meŋupas]

47. Les épices

sel (m)	garam	[garam]
salé (adj)	asin	[asin]
saler (vt)	menggarami	[meŋgarami]

poivre (m) noir	merica	[meritʃa]
poivre (m) rouge	cabai merah	[tʃabaj merah]
moutarde (f)	mustar	[mustar]
raifort (m)	lobak pedas	[lobaʔ pedas]

condiment (m)	bumbu	[bumbu]
épice (f)	rempah-rempah	[rempah-rempah]
sauce (f)	saus	[saus]
vinaigre (m)	cuka	[tʃuka]

| anis (m) | adas manis | [adas manis] |
| basilic (m) | selasih | [selasih] |

clou (m) de girofle	cengkih	[ʧeŋkih]
gingembre (m)	jahe	[dʒ'ahe]
coriandre (m)	ketumbar	[ketumbar]
cannelle (f)	kayu manis	[kaju manis]

sésame (m)	wijen	[widʒ'en]
feuille (f) de laurier	daun salam	[daun salam]
paprika (m)	cabai	[ʧabaj]
cumin (m)	jintan	[dʒintan]
safran (m)	kuma-kuma	[kuma-kuma]

48. Les repas

nourriture (f)	makanan	[makanan]
manger (vi, vt)	makan	[makan]

petit déjeuner (m)	makan pagi, sarapan	[makan pagi], [sarapan]
prendre le petit déjeuner	sarapan	[sarapan]
déjeuner (m)	makan siang	[makan siaŋ]
déjeuner (vi)	makan siang	[makan siaŋ]
dîner (m)	makan malam	[makan malam]
dîner (vi)	makan malam	[makan malam]

appétit (m)	nafsu makan	[nafsu makan]
Bon appétit!	Selamat makan!	[selamat makan!]

ouvrir (vt)	membuka	[membuka]
renverser (liquide)	menumpahkan	[mənumpahkan]

bouillir (vi)	mendidih	[məndidih]
faire bouillir	mendidihkan	[məndidihkan]
bouilli (l'eau ~e)	masak	[masaʔ]

refroidir (vt)	mendinginkan	[məndiɲinkan]
se refroidir (vp)	mendingin	[məndiɲin]

goût (m)	rasa	[rasa]
arrière-goût (m)	nuansa rasa	[nuansa rasa]

suivre un régime	berdiet	[berdiet]
régime (m)	diet, pola makan	[diet], [pola makan]
vitamine (f)	vitamin	[vitamin]
calorie (f)	kalori	[kalori]

végétarien (m)	vegetarian	[vegetarian]
végétarien (adj)	vegetarian	[vegetarian]

lipides (m pl)	lemak	[lemaʔ]
protéines (f pl)	protein	[protein]
glucides (m pl)	karbohidrat	[karbohidrat]

tranche (f)	irisan	[irisan]
morceau (m)	potongan	[potoɲan]
miette (f)	remah	[remah]

49. Le dressage de la table

cuillère (f)	sendok	[sendoʔ]
couteau (m)	pisau	[pisau]
fourchette (f)	garpu	[garpu]
tasse (f)	cangkir	[tʃaŋkir]
assiette (f)	piring	[piriŋ]
soucoupe (f)	alas cangkir	[alas tʃaŋkir]
serviette (f)	serbet	[serbet]
cure-dent (m)	tusuk gigi	[tusuʔ gigi]

50. Le restaurant

restaurant (m)	restoran	[restoran]
salon (m) de café	warung kopi	[waruŋ kopi]
bar (m)	bar	[bar]
salon (m) de thé	warung teh	[waruŋ teh]
serveur (m)	pelayan lelaki	[pelajan lelaki]
serveuse (f)	pelayan perempuan	[pelajan perempuan]
barman (m)	pelayan bar	[pelajan bar]
carte (f)	menu	[menu]
carte (f) des vins	daftar anggur	[daftar aŋgur]
réserver une table	memesan meja	[memesan medʒ'a]
plat (m)	masakan, hidangan	[masakan], [hidaɲan]
commander (vt)	memesan	[memesan]
faire la commande	memesan	[memesan]
apéritif (m)	aperitif	[aperitif]
hors-d'œuvre (m)	makanan ringan	[makanan riɲan]
dessert (m)	hidangan penutup	[hidaɲan penutup]
addition (f)	bon	[bon]
régler l'addition	membayar bon	[membajar bon]
rendre la monnaie	memberikan uang kembalian	[memberikan uaŋ kembalian]
pourboire (m)	tip	[tip]

La famille. Les parents. Les amis

51. Les données personnelles. Les formulaires

prénom (m)	nama, nama depan	[nama], [nama depan]
nom (m) de famille	nama keluarga	[nama keluarga]
date (f) de naissance	tanggal lahir	[taŋgal lahir]
lieu (m) de naissance	tempat lahir	[tempat lahir]
nationalité (f)	kebangsaan	[kebaŋsa'an]
domicile (m)	tempat tinggal	[tempat tiŋgal]
pays (m)	negara, negeri	[negara], [negeri]
profession (f)	profesi	[profesi]
sexe (m)	jenis kelamin	[dʒʲenis kelamin]
taille (f)	tinggi badan	[tiŋgi badan]
poids (m)	berat	[berat]

52. La famille. Les liens de parenté

mère (f)	ibu	[ibu]
père (m)	ayah	[ajah]
fils (m)	anak lelaki	[ana' lelaki]
fille (f)	anak perempuan	[ana' perempuan]
fille (f) cadette	anak perempuan bungsu	[ana' perempuan buŋsu]
fils (m) cadet	anak lelaki bungsu	[ana' lelaki buŋsu]
fille (f) aînée	anak perempuan sulung	[ana' perempuan suluŋ]
fils (m) aîné	anak lelaki sulung	[ana' lelaki suluŋ]
frère (m)	saudara lelaki	[saudara lelaki]
frère (m) aîné	kakak lelaki	[kaka' lelaki]
frère (m) cadet	adik lelaki	[adi' lelaki]
sœur (f)	saudara perempuan	[saudara perempuan]
sœur (f) aînée	kakak perempuan	[kaka' perempuan]
sœur (f) cadette	adik perempuan	[adi' perempuan]
cousin (m)	sepupu lelaki	[sepupu lelaki]
cousine (f)	sepupu perempuan	[sepupu perempuan]
maman (f)	mama, ibu	[mama], [ibu]
papa (m)	papa, ayah	[papa], [ajah]
parents (m pl)	orang tua	[oraŋ tua]
enfant (m, f)	anak	[ana']
enfants (pl)	anak-anak	[ana'-ana']
grand-mère (f)	nenek	[nene']
grand-père (m)	kakek	[kake']

petit-fils (m)	cucu laki-laki	[ʧuʧu laki-laki]
petite-fille (f)	cucu perempuan	[ʧuʧu pərempuan]
petits-enfants (pl)	cucu	[ʧuʧu]

oncle (m)	paman	[paman]
tante (f)	bibi	[bibi]
neveu (m)	keponakan laki-laki	[keponakan laki-laki]
nièce (f)	keponakan perempuan	[keponakan pərempuan]

belle-mère (f)	ibu mertua	[ibu mertua]
beau-père (m)	ayah mertua	[ajah mertua]
gendre (m)	menantu laki-laki	[mənantu laki-laki]
belle-mère (f)	ibu tiri	[ibu tiri]
beau-père (m)	ayah tiri	[ajah tiri]

nourrisson (m)	bayi	[baji]
bébé (m)	bayi	[baji]
petit (m)	bocah cilik	[boʧah ʧili']

femme (f)	istri	[istri]
mari (m)	suami	[suami]
époux (m)	suami	[suami]
épouse (f)	istri	[istri]

marié (adj)	menikah, beristri	[mənikah], [bəristri]
mariée (adj)	menikah, bersuami	[mənikah], [bərsuami]
célibataire (adj)	bujang	[budʒ^jaŋ]
célibataire (m)	bujang	[budʒ^jaŋ]
divorcé (adj)	bercerai	[bərʧeraj]
veuve (f)	janda	[dʒ^janda]
veuf (m)	duda	[duda]

parent (m)	kerabat	[kerabat]
parent (m) proche	kerabat dekat	[kerabat dekat]
parent (m) éloigné	kerabat jauh	[kerabat dʒ^jauh]
parents (m pl)	kerabat, sanak saudara	[kerabat], [sana' saudara]

orphelin (m), orpheline (f)	yatim piatu	[yatim piatu]
tuteur (m)	wali	[wali]
adopter (un garçon)	mengadopsi	[məŋadopsi]
adopter (une fille)	mengadopsi	[məŋadopsi]

53. Les amis. Les collègues

ami (m)	sahabat	[sahabat]
amie (f)	sahabat	[sahabat]
amitié (f)	persahabatan	[pərsahabatan]
être ami	bersahabat	[bərsahabat]

copain (m)	teman	[teman]
copine (f)	teman	[teman]
partenaire (m)	mitra	[mitra]
chef (m)	atasan	[atasan]
supérieur (m)	atasan	[atasan]

propriétaire (m)	pemilik	[pemili']
subordonné (m)	bawahan	[bawahan]
collègue (m, f)	kolega	[kolega]

connaissance (f)	kenalan	[kenalan]
compagnon (m) de route	rekan seperjalanan	[rekan seperdʒalanan]
copain (m) de classe	teman sekelas	[teman sekelas]

voisin (m)	tetangga	[tetaŋga]
voisine (f)	tetangga	[tetaŋga]
voisins (m pl)	para tetangga	[para tetaŋga]

54. L'homme. La femme

femme (f)	perempuan, wanita	[perempuan], [wanita]
jeune fille (f)	gadis	[gadis]
fiancée (f)	mempelai perempuan	[mempelaj perempuan]

belle (adj)	cantik	[tʃanti']
de grande taille	tinggi	[tiŋgi]
svelte (adj)	ramping	[rampiŋ]
de petite taille	pendek	[pende']

| blonde (f) | orang berambut pirang | [oraŋ berambut piraŋ] |
| brune (f) | orang berambut cokelat | [oraŋ berambut tʃokelat] |

de femme (adj)	wanita	[wanita]
vierge (f)	perawan	[perawan]
enceinte (adj)	hamil	[hamil]

homme (m)	laki-laki, pria	[laki-laki], [pria]
blond (m)	orang berambut pirang	[oraŋ berambut piraŋ]
brun (m)	orang berambut cokelat	[oraŋ berambut tʃokelat]
de grande taille	tinggi	[tiŋgi]
de petite taille	pendek	[pende']

rude (adj)	kasar	[kasar]
trapu (adj)	kekar	[kekar]
robuste (adj)	tegap	[tegap]
fort (adj)	kuat	[kuat]
force (f)	kekuatan	[kekuatan]

gros (adj)	gemuk	[gemu']
basané (adj)	berkulit hitam	[berkulit hitam]
svelte (adj)	ramping	[rampiŋ]
élégant (adj)	anggun	[aŋgun]

55. L'age

âge (m)	umur	[umur]
jeunesse (f)	usia muda	[usia muda]
jeune (adj)	muda	[muda]

plus jeune (adj)	lebih muda	[lebih muda]
plus âgé (adj)	lebih tua	[lebih tua]
jeune homme (m)	pemuda	[pemuda]
adolescent (m)	remaja	[remadʒʼa]
gars (m)	cowok	[tʃowoʼ]
vieillard (m)	lelaki tua	[lelaki tua]
vieille femme (f)	perempuan tua	[pərempuan tua]
adulte (m)	dewasa	[dewasa]
d'âge moyen (adj)	paruh baya	[paruh baja]
âgé (adj)	lansia	[lansia]
vieux (adj)	tua	[tua]
retraite (f)	pensiun	[pensiun]
prendre sa retraite	pensiun	[pensiun]
retraité (m)	pensiunan	[pensiunan]

56. Les enfants. Les adolescents

enfant (m, f)	anak	[anaʼ]
enfants (pl)	anak-anak	[anaʼ-anaʼ]
jumeaux (m pl)	kembar	[kembar]
berceau (m)	buaian	[buajan]
hochet (m)	ocehan	[otʃehan]
couche (f)	popok	[popoʼ]
tétine (f)	dot	[dot]
poussette (m)	kereta bayi	[kereta baji]
école (f) maternelle	taman kanak-kanak	[taman kanaʼ-kanaʼ]
baby-sitter (m, f)	pengasuh anak	[peŋasuh anaʼ]
enfance (f)	masa kanak-kanak	[masa kanaʼ-kanaʼ]
poupée (f)	boneka	[boneka]
jouet (m)	mainan	[majnan]
jeu (m) de construction	alat permainan bongkah	[alat pərmajnan boŋkah]
bien élevé (adj)	beradab	[bəradab]
mal élevé (adj)	biadab	[biadab]
gâté (adj)	manja	[mandʒʼa]
faire le vilain	nakal	[nakal]
vilain (adj)	nakal	[nakal]
espièglerie (f)	kenakalan	[kenakalan]
vilain (m)	anak nakal	[anaʼ nakal]
obéissant (adj)	patuh	[patuh]
désobéissant (adj)	tidak patuh	[tidaʼ patuh]
sage (adj)	penurut	[penurut]
intelligent (adj)	pandai, pintar	[pandaj], [pintar]
l'enfant prodige	anak ajaib	[anaʼ adʒʼajb]

57. Les couples mariés. La vie de famille

embrasser (sur les lèvres)	mencium	[mənt͡ʃium]
s'embrasser (vp)	berciuman	[bərt͡ʃiuman]
famille (f)	keluarga	[keluarga]
familial (adj)	keluarga	[keluarga]
couple (m)	pasangan	[pasaŋan]
mariage (m) (~ civil)	pernikahan	[pərnikahan]
foyer (m) familial	rumah tangga	[rumah taŋga]
dynastie (f)	dinasti	[dinasti]
rendez-vous (m)	kencan	[kent͡ʃan]
baiser (m)	ciuman	[t͡ʃiuman]
amour (m)	cinta	[t͡ʃinta]
aimer (qn)	mencintai	[mənt͡ʃintaj]
aimé (adj)	kekasih	[kekasih]
tendresse (f)	kelembutan	[kelembutan]
tendre (affectueux)	lembut	[lembut]
fidélité (f)	kesetiaan	[kesetia'an]
fidèle (adj)	setia	[setia]
soin (m) (~ de qn)	perhatian	[pərhatian]
attentionné (adj)	penuh perhatian	[penuh pərhatian]
jeunes mariés (pl)	pengantin baru	[peŋantin baru]
lune (f) de miel	bulan madu	[bulan madu]
se marier (prendre pour époux)	menikah, bersuami	[mənikah], [bərsuami]
se marier (prendre pour épouse)	menikah, beristri	[mənikah], [bəristri]
mariage (m)	pernikahan	[pərnikahan]
les noces d'or	pernikahan emas	[pərnikahan emas]
anniversaire (m)	hari jadi, HUT	[hari d͡ʒʲadi], [ha-u-te]
amant (m)	pria idaman lain	[pria idaman lajn]
maîtresse (f)	wanita idaman lain	[wanita idaman lajn]
adultère (m)	perselingkuhan	[pərseliŋkuhan]
commettre l'adultère	berselingkuh dari ...	[bərseliŋkuh dari ...]
jaloux (adj)	cemburu	[t͡ʃemburu]
être jaloux	cemburu	[t͡ʃemburu]
divorce (m)	perceraian	[pərt͡ʃerajan]
divorcer (vi)	bercerai	[bərt͡ʃeraj]
se disputer (vp)	bertengkar	[bərteŋkar]
se réconcilier (vp)	berdamai	[bərdamaj]
ensemble (adv)	bersama	[bərsama]
sexe (m)	seks	[seks]
bonheur (m)	kebahagiaan	[kebahagia'an]
heureux (adj)	berbahagia	[bərbahagia]
malheur (m)	kemalangan	[kemalaŋan]
malheureux (adj)	malang	[malaŋ]

Le caractère. Les émotions

58. Les sentiments. Les émotions

sentiment (m)	perasaan	[pərasa'an]
sentiments (m pl)	perasaan	[pərasa'an]
sentir (vt)	merasa	[merasa]
faim (f)	kelaparan	[kelaparan]
avoir faim	lapar	[lapar]
soif (f)	kehausan	[kehausan]
avoir soif	haus	[haus]
somnolence (f)	kantuk	[kantu']
avoir sommeil	mengantuk	[mənʝantu']
fatigue (f)	rasa lelah	[rasa lelah]
fatigué (adj)	lelah	[lelah]
être fatigué	lelah	[lelah]
humeur (f) (de bonne ~)	suasana hati	[suasana hati]
ennui (m)	kebosanan	[kebosanan]
s'ennuyer (vp)	bosan	[bosan]
solitude (f)	kesendirian	[kesendirian]
s'isoler (vp)	menyendiri	[mənjendiri]
inquiéter (vt)	membuat khawatir	[membuat hawatir]
s'inquiéter (vp)	khawatir	[hawatir]
inquiétude (f)	kekhawatiran	[kehawatiran]
préoccupation (f)	kegelisahan	[kegelisahan]
soucieux (adj)	prihatin	[prihatin]
s'énerver (vp)	gugup, gelisah	[gugup], [gelisah]
paniquer (vi)	panik	[pani']
espoir (m)	harapan	[harapan]
espérer (vi)	berharap	[bərharap]
certitude (f)	kepastian	[kepastian]
certain (adj)	pasti	[pasti]
incertitude (f)	ketidakpastian	[ketidakpastian]
incertain (adj)	tidak pasti	[tida' pasti]
ivre (adj)	mabuk	[mabu']
sobre (adj)	sadar, tidak mabuk	[sadar], [tida' mabu']
faible (adj)	lemah	[lemah]
heureux (adj)	berbahagia	[bərbahagia]
faire peur	menakuti	[mənakuti]
fureur (f)	kemarahan	[kemarahan]
rage (f), colère (f)	kemarahan	[kemarahan]
dépression (f)	depresi	[depresi]
inconfort (m)	ketidaknyamanan	[ketidaknjamanan]

confort (m)	kenyamanan	[kenjamanan]
regretter (vt)	menyesal	[mɔnjesal]
regret (m)	penyesalan	[penjesalan]
malchance (f)	kesialan	[kesialan]
tristesse (f)	kekesalan	[kekesalan]

honte (f)	rasa malu	[rasa malu]
joie, allégresse (f)	kegirangan	[kegiraɲan]
enthousiasme (m)	antusiasme	[antusiasme]
enthousiaste (m)	antusias	[antusias]
avoir de l'enthousiasme	memperlihatkan antusiasme	[memperlihatkan antusiasme]

59. Le caractère. La personnalité

caractère (m)	watak	[wataʔ]
défaut (m)	kepincangan	[kepintʃaŋan]
esprit (m)	otak	[otaʔ]
raison (f)	akal	[akal]

conscience (f)	nurani	[nurani]
habitude (f)	kebiasaan	[kebiasaʔan]
capacité (f)	kemampuan, bakat	[kemampuan], [bakat]
savoir (faire qch)	dapat	[dapat]

patient (adj)	sabar	[sabar]
impatient (adj)	tidak sabar	[tidaʔ sabar]
curieux (adj)	ingin tahu	[iŋin tahu]
curiosité (f)	rasa ingin tahu	[rasa iŋin tahu]

modestie (f)	kerendahan hati	[kerendahan hati]
modeste (adj)	rendah hati	[rendah hati]
vaniteux (adj)	tidak tahu malu	[tidaʔ tahu malu]

paresse (f)	kemalasan	[kemalasan]
paresseux (adj)	malas	[malas]
paresseux (m)	pemalas	[pemalas]

astuce (f)	kelicikan	[kelitʃikan]
rusé (adj)	licik	[litʃiʔ]
méfiance (f)	ketidakpercayaan	[ketidakpertʃajaʔan]
méfiant (adj)	tidak percaya	[tidaʔ pertʃaja]

générosité (f)	kemurahan hati	[kemurahan hati]
généreux (adj)	murah hati	[murah hati]
doué (adj)	berbakat	[berbakat]
talent (m)	bakat	[bakat]

courageux (adj)	berani	[berani]
courage (m)	keberanian	[keberanian]
honnête (adj)	jujur	[dʒʲudʒʲur]
honnêteté (f)	kejujuran	[kedʒʲudʒʲuran]
prudent (adj)	berhati-hati	[berhati-hati]
courageux (adj)	berani	[berani]

sérieux (adj)	serius	[serius]
sévère (adj)	keras	[keras]
décidé (adj)	tegas	[tegas]
indécis (adj)	ragu-ragu	[ragu-ragu]
timide (adj)	malu	[malu]
timidité (f)	sifat pemalu	[sifat pemalu]
confiance (f)	kepercayaan	[kepertʃaja'an]
croire (qn)	percaya	[pərtʃaja]
confiant (adj)	mudah percaya	[mudah pərtʃaja]
sincèrement (adv)	ikhlas	[ihlas]
sincère (adj)	ikhlas	[ihlas]
sincérité (f)	keikhlasan	[keihlasan]
ouvert (adj)	terbuka	[tərbuka]
calme (adj)	tenang	[tenaŋ]
franc (sincère)	terus terang	[terus təraŋ]
naïf (adj)	naif	[naif]
distrait (adj)	lalai	[lalaj]
drôle, amusant (adj)	lucu	[lutʃu]
avidité (f)	kerakusan	[kerakusan]
avare (adj)	rakus	[rakus]
radin (adj)	pelit, kikir	[pelit], [kikir]
méchant (adj)	jahat	[dʒ'ahat]
têtu (adj)	keras kepala, degil	[keras kepala], [degil]
désagréable (adj)	tidak menyenangkan	[tida' menjenaŋkan]
égoïste (m)	egois	[egois]
égoïste (adj)	egoistis	[egoistis]
peureux (m)	penakut	[penakut]
peureux (adj)	penakut	[penakut]

60. Le sommeil. Les rêves

dormir (vi)	tidur	[tidur]
sommeil (m)	tidur	[tidur]
rêve (m)	mimpi	[mimpi]
rêver (en dormant)	bermimpi	[bərmimpi]
endormi (adj)	mengantuk	[məŋantu']
lit (m)	ranjang	[randʒ'aŋ]
matelas (m)	kasur	[kasur]
couverture (f)	selimut	[selimut]
oreiller (m)	bantal	[bantal]
drap (m)	seprai	[sepraj]
insomnie (f)	insomnia	[insomnia]
sans sommeil (adj)	tanpa tidur	[tanpa tidur]
somnifère (m)	obat tidur	[obat tidur]
prendre un somnifère	meminum obat tidur	[meminum obat tidur]
avoir sommeil	mengantuk	[məŋantu']

bâiller (vi)	menguap	[məŋuap]
aller se coucher	tidur	[tidur]
faire le lit	menyiapkan ranjang	[mənjiapkan randʒian]
s'endormir (vp)	tertidur	[tərtidur]

cauchemar (m)	mimpi buruk	[mimpi buru']
ronflement (m)	dengkuran	[deŋkuran]
ronfler (vi)	berdengkur	[bərdeŋkur]

réveil (m)	weker	[weker]
réveiller (vt)	membangunkan	[membaŋunkan]
se réveiller (vp)	bangun	[baŋun]
se lever (tôt, tard)	bangun	[baŋun]
se laver (le visage)	mencuci muka	[mənʧuʧi muka]

61. L'humour. Le rire. La joie

humour (m)	humor	[humor]
sens (m) de l'humour	rasa humor	[rasa humor]
s'amuser (vp)	bersukaria	[bərsukaria]
joyeux (adj)	riang, gembira	[riaŋ], [gembira]
joie, allégresse (f)	keriangan, kegembiraan	[keriaŋan], [kegembira'an]

sourire (m)	senyuman	[senyuman]
sourire (vi)	tersenyum	[tərsenyum]
se mettre à rire	tertawa	[tərtawa]
rire (vi)	tertawa	[tərtawa]
rire (m)	gelak tawa	[gela' tawa]

anecdote (f)	anekdot, lelucon	[anekdot], [leluʧon]
drôle, amusant (adj)	lucu	[luʧu]
comique, ridicule (adj)	lucu	[luʧu]

plaisanter (vi)	bergurau	[bərgurau]
plaisanterie (f)	lelucon	[leluʧon]
joie (f) (émotion)	kegembiraan	[kegembira'an]
se réjouir (vp)	bergembira	[bərgembira]
joyeux (adj)	gembira	[gembira]

62. Dialoguer et communiquer. Partie 1

communication (f)	komunikasi	[komunikasi]
communiquer (vi)	berkomunikasi	[bərkomunikasi]

conversation (f)	pembicaraan	[pembitʃara'an]
dialogue (m)	dialog	[dialog]
discussion (f) (débat)	diskusi	[diskusi]
débat (m)	perdebatan	[pərdebatan]
discuter (vi)	berdebat	[bərdebat]

interlocuteur (m)	lawan bicara	[lawan biʧara]
sujet (m)	topik, tema	[topik], [tema]

point (m) de vue	sudut pandang	[sudut pandaŋ]
opinion (f)	opini, pendapat	[opini], [pendapat]
discours (m)	pidato, tuturan	[pidato], [tuturan]

discussion (f) (d'un rapport)	pembicaraan	[pembitʃara'an]
discuter (vt)	membicarakan	[membitʃarakan]
conversation (f)	pembicaraan	[pembitʃara'an]
converser (vi)	berbicara	[bərbitʃara]
rencontre (f)	pertemuan	[pərtemuan]
se rencontrer (vp)	bertemu	[bərtemu]

proverbe (m)	peribahasa	[pəribahasa]
dicton (m)	peribahasa	[pəribahasa]
devinette (f)	teka-teki	[teka-teki]
poser une devinette	memberi teka-teki	[memberi teka-teki]
mot (m) de passe	kata sandi	[kata sandi]
secret (m)	rahasia	[rahasia]

serment (m)	sumpah	[sumpah]
jurer (de faire qch)	bersumpah	[bərsumpah]
promesse (f)	janji	[dʒⁱandʒi]
promettre (vt)	berjanji	[bərdʒⁱandʒi]

conseil (m)	nasihat	[nasihat]
conseiller (vt)	menasihati	[mənasihati]
suivre le conseil (de qn)	mengikuti nasihat	[məŋikuti nasihat]
écouter (~ ses parents)	mendengar ...	[məndeŋar ...]

nouvelle (f)	berita	[berita]
sensation (f)	sensasi	[sensasi]
renseignements (m pl)	data, informasi	[data], [informasi]
conclusion (f)	kesimpulan	[kesimpulan]
voix (f)	suara	[suara]
compliment (m)	pujian	[pudʒian]
aimable (adj)	ramah	[ramah]

mot (m)	kata	[kata]
phrase (f)	frasa	[frasa]
réponse (f)	jawaban	[dʒⁱawaban]

vérité (f)	kebenaran	[kebenaran]
mensonge (m)	kebohongan	[kebohoŋan]

pensée (f)	pikiran	[pikiran]
idée (f)	ide	[ide]
fantaisie (f)	fantasi	[fantasi]

63. Dialoguer et communiquer. Partie 2

respecté (adj)	terhormat	[tərhormat]
respecter (vt)	menghormati	[məŋhormati]
respect (m)	penghormatan	[peŋhormatan]
Cher ...	Yth. ... (Yang Terhormat)	[yaŋ tərhormat]
présenter (faire connaître)	memperkenalkan	[memperkenalkan]

faire la connaissance	berkenalan	[bərkenalan]
intention (f)	niat	[niat]
avoir l'intention	berniat	[bərniat]
souhait (m)	pengharapan	[pəŋharapan]
souhaiter (vt)	mengharapkan	[məŋharapkan]

étonnement (m)	keheranan	[keheranan]
étonner (vt)	mengherankan	[məŋherankan]
s'étonner (vp)	heran	[heran]

donner (vt)	memberi	[memberi]
prendre (vt)	mengambil	[məŋambil]
rendre (vt)	mengembalikan	[məŋembalikan]
retourner (vt)	mengembalikan	[məŋembalikan]

s'excuser (vp)	meminta maaf	[meminta maʔaf]
excuse (f)	permintaan maaf	[pərmintaʔan maʔaf]
pardonner (vt)	memaafkan	[memaʔafkan]

parler (~ avec qn)	berbicara	[bərbitʃara]
écouter (vt)	mendengarkan	[məndeŋarkan]
écouter jusqu'au bout	mendengar	[məndeŋar]
comprendre (vt)	mengerti	[məŋerti]

montrer (vt)	menunjukkan	[mənundʒʲuʔkan]
regarder (vt)	melihat …	[melihat …]
appeler (vt)	memanggil	[memaŋgil]
distraire (déranger)	mengganggu	[məŋgaŋgu]
ennuyer (déranger)	mengganggu	[məŋgaŋgu]
passer (~ le message)	menyampaikan	[mənjampajkan]

prière (f) (demande)	permintaan	[pərmintaʔan]
demander (vt)	meminta	[meminta]
exigence (f)	tuntutan	[tuntutan]
exiger (vt)	menuntut	[mənuntut]

taquiner (vt)	mengejek	[məŋedʒʲeʔ]
se moquer (vp)	mencemooh	[mentʃemooh]
moquerie (f)	cemoohan	[tʃemoohan]
surnom (m)	nama panggilan	[nama paŋgilan]

allusion (f)	isyarat	[iʃarat]
faire allusion	mengisyaratkan	[məŋiʃaratkan]
sous-entendre (vt)	berarti	[bərarti]

description (f)	penggambaran	[pəŋgambaran]
décrire (vt)	menggambarkan	[məŋgambarkan]
éloge (m)	pujian	[pudʒian]
louer (vt)	memuji	[memudʒi]

déception (f)	kekecewaan	[keketʃewaʔan]
décevoir (vt)	mengecewakan	[mənetʃewakan]
être déçu	kecewa	[ketʃewa]

| supposition (f) | dugaan | [dugaʔan] |
| supposer (vt) | menduga | [mənduga] |

| avertissement (m) | peringatan | [pəriŋatan] |
| prévenir (vt) | memperingatkan | [memperiŋatkan] |

64. Dialoguer et communiquer. Partie 3

| convaincre (vt) | meyakinkan | [meyakinkan] |
| calmer (vt) | menenangkan | [mənenaŋkan] |

silence (m) (~ est d'or)	kebisuan	[kebisuan]
rester silencieux	membisu	[membisu]
chuchoter (vi, vt)	berbisik	[bərbisiʔ]
chuchotement (m)	bisikan	[bisikan]

| sincèrement (adv) | terus terang | [terus təraŋ] |
| à mon avis ... | menurut saya ... | [mənurut saja ...] |

détail (m) (d'une histoire)	detail, perincian	[detajl], [pərintʃian]
détaillé (adj)	mendetail	[məndetajl]
en détail (adv)	dengan mendetail	[deŋan mendetajl]

| indice (m) | petunjuk | [petundʒʲuʔ] |
| donner un indice | memberi petunjuk | [memberi petundʒʲuʔ] |

regard (m)	melihat	[melihat]
jeter un coup d'oeil	melihat	[melihat]
fixe (un regard ~)	kaku	[kaku]
clignoter (vi)	berkedip	[bərkedip]
cligner de l'oeil	mengedipkan mata	[məŋedipkan mata]
hocher la tête	mengangguk	[məŋaŋguʔ]

soupir (m)	desah	[desah]
soupirer (vi)	mendesah	[məndesah]
tressaillir (vi)	tersentak	[tərsentaʔ]
geste (m)	gerak tangan	[geraʔ taŋan]
toucher (de la main)	menyentuh	[mənjentuh]
saisir (par le bras)	memegang	[memegaŋ]
taper (sur l'épaule)	menepuk	[mənepuʔ]

Attention!	Awas! Hati-hati!	[awas!], [hati-hati!]
Vraiment?	Sungguh?	[suŋguh?]
Tu es sûr?	Kamu yakin?	[kamu yakin?]
Bonne chance!	Semoga behasil!	[semoga behasil!]
Compris!	Begitu!	[begitu!]
Dommage!	Sayang sekali!	[sajaŋ sekali!]

65. L'accord. Le refus

accord (m)	persetujuan	[pərsetudʒʲuan]
être d'accord	setuju, ijin	[setudʒʲu], [idʒin]
approbation (f)	persetujuan	[pərsetudʒʲuan]
approuver (vt)	menyetujui	[mənjetudʒʲui]
refus (m)	penolakan	[penolakan]

se refuser (vp)	menolak	[mənolaʔ]
Super!	Bagus!	[bagus!]
Bon!	Baiklah! Baik!	[bajklah!], [bajʔ!]
D'accord!	Baiklah! Baik!	[bajklah!], [bajʔ!]

interdit (adj)	larangan	[laraŋan]
c'est interdit	dilarang	[dilaraŋ]
c'est impossible	mustahil	[mustahil]
incorrect (adj)	salah	[salah]

décliner (vt)	menolak	[mənolaʔ]
soutenir (vt)	mendukung	[məndukuŋ]
accepter (condition, etc.)	menerima	[mənerima]

confirmer (vt)	mengonfirmasi	[məŋonfirmasi]
confirmation (f)	konfirmasi	[konfirmasi]
permission (f)	izin	[izin]
permettre (vt)	mengizinkan	[məŋizinkan]
décision (f)	keputusan	[keputusan]
ne pas dire un mot	membisu	[membisu]

condition (f)	syarat	[ʃarat]
excuse (f) (prétexte)	alasan, dalih	[alasan], [dalih]
éloge (m)	pujian	[pudʒian]
louer (vt)	memuji	[memudʒi]

66. La réussite. La chance. L'échec

succès (m)	sukses, berhasil	[sukses], [bərhasil]
avec succès (adv)	dengan sukses	[deŋan sukses]
réussi (adj)	sukses, berhasil	[sukses], [bərhasil]

chance (f)	keberuntungan	[keberuntuŋan]
Bonne chance!	Semoga behasil!	[semoga behasil!]
de chance (jour ~)	beruntung	[bəruntuŋ]
chanceux (adj)	beruntung	[bəruntuŋ]

échec (m)	kegagalan	[kegagalan]
infortune (f)	kesialan	[kesialan]
malchance (f)	kesialan	[kesialan]

| raté (adj) | gagal | [gagal] |
| catastrophe (f) | gagal total | [gagal total] |

fierté (f)	kebanggaan	[kebaŋgaʔan]
fier (adj)	bangga	[baŋga]
être fier	bangga	[baŋga]

gagnant (m)	pemenang	[pemenaŋ]
gagner (vi)	menang	[menaŋ]
perdre (vi)	kalah	[kalah]
tentative (f)	percobaan	[pərtʃobaʔan]
essayer (vt)	mencoba	[məntʃoba]
chance (f)	kans, peluang	[kans], [peluaŋ]

67. Les disputes. Les émotions négatives

cri (m)	**teriakan**	[təriakan]
crier (vi)	**berteriak**	[bərteriaʔ]
se mettre à crier	**berteriak**	[bərteriaʔ]
dispute (f)	**pertengkaran**	[pərteŋkaran]
se disputer (vp)	**bertengkar**	[bərteŋkar]
scandale (m) (dispute)	**pertengkaran**	[pərteŋkaran]
faire un scandale	**bertengkar**	[bərteŋkar]
conflit (m)	**konflik**	[konfliʔ]
malentendu (m)	**kesalahpahaman**	[kesalahpahaman]
insulte (f)	**penghinaan**	[peŋhinaʔan]
insulter (vt)	**menghina**	[məŋhina]
insulté (adj)	**terhina**	[tərhina]
offense (f)	**perasaan tersinggung**	[pərasaʔan tərsiŋguŋ]
offenser (vt)	**menyinggung**	[mənjiŋguŋ]
s'offenser (vp)	**tersinggung**	[tərsiŋguŋ]
indignation (f)	**kemarahan**	[kemarahan]
s'indigner (vp)	**marah**	[marah]
plainte (f)	**komplain, pengaduan**	[kompleyn], [peŋaduan]
se plaindre (vp)	**mengeluh**	[məŋeluh]
excuse (f)	**permintaan maaf**	[pərmintaʔan maʔaf]
s'excuser (vp)	**meminta maaf**	[meminta maʔaf]
demander pardon	**minta maaf**	[minta maʔaf]
critique (f)	**kritik**	[kritiʔ]
critiquer (vt)	**mengkritik**	[məŋkritiʔ]
accusation (f)	**tuduhan**	[tuduhan]
accuser (vt)	**menuduh**	[mənuduh]
vengeance (f)	**dendam**	[dendam]
se venger (vp)	**membalas dendam**	[membalas dendam]
faire payer (qn)	**membalas**	[membalas]
mépris (m)	**penghinaan**	[peŋhinaʔan]
mépriser (vt)	**benci, membenci**	[bentʃi], [membentʃi]
haine (f)	**rasa benci**	[rasa bentʃi]
haïr (vt)	**membenci**	[membentʃi]
nerveux (adj)	**gugup, grogi**	[gugup], [grogi]
s'énerver (vp)	**gugup, gelisah**	[gugup], [gelisah]
fâché (adj)	**marah**	[marah]
fâcher (vt)	**membuat marah**	[membuat marah]
humiliation (f)	**penghinaan**	[peŋhinaʔan]
humilier (vt)	**merendahkan**	[merendahkan]
s'humilier (vp)	**merendahkan diri sendiri**	[merendahkan diri sendiri]
choc (m)	**keterkejutan**	[keterkedʒʲutan]
choquer (vt)	**mengejutkan**	[məɲedʒʲutkan]
ennui (m) (problème)	**kesulitan**	[kesulitan]

désagréable (adj)	tidak menyenangkan	[tida' menjenaŋkan]
peur (f)	ketakutan	[ketakutan]
terrible (tempête, etc.)	dahsyat	[dahʃat]
effrayant (histoire ~e)	menakutkan	[mənakutkan]
horreur (f)	horor, ketakutan	[horor], [ketakutan]
horrible (adj)	buruk, parah	[buruk], [parah]

commencer à trembler	gemetar	[gemetar]
pleurer (vi)	menangis	[mənaŋis]
se mettre à pleurer	menangis	[mənaŋis]
larme (f)	air mata	[air mata]

faute (f)	kesalahan	[kesalahan]
culpabilité (f)	rasa bersalah	[rasa bərsalah]
déshonneur (m)	aib	[aib]
protestation (f)	protes	[protes]
stress (m)	stres	[stres]

déranger (vt)	mengganggu	[məŋgaŋgu]
être furieux	marah	[marah]
en colère, fâché (adj)	marah	[marah]
rompre (relations)	menghentikan	[məŋhentikan]
réprimander (vt)	menyumpahi	[mənyumpahi]

prendre peur	takut	[takut]
frapper (vt)	memukul	[memukul]
se battre (vp)	berkelahi	[bərkelahi]

régler (~ un conflit)	menyelesaikan	[mənjelesajkan]
mécontent (adj)	tidak puas	[tida' puas]
enragé (adj)	garam	[garam]

| Ce n'est pas bien! | Tidak baik! | [tida' bai'!] |
| C'est mal! | Jelek! Buruk! | [dʒ'ele'!], [buru'!] |

La médecine

68. Les maladies

maladie (f)	**penyakit**	[penjakit]
être malade	**sakit**	[sakit]
santé (f)	**kesehatan**	[kesehatan]
rhume (m) (coryza)	**hidung meler**	[hiduŋ meler]
angine (f)	**radang tonsil**	[radaŋ tonsil]
refroidissement (m)	**pilek, selesma**	[pilek], [selesma]
prendre froid	**masuk angin**	[masuˀ aŋin]
bronchite (f)	**bronkitis**	[bronkitis]
pneumonie (f)	**radang paru-paru**	[radaŋ paru-paru]
grippe (f)	**flu**	[flu]
myope (adj)	**rabun jauh**	[rabun ʤʲauh]
presbyte (adj)	**rabun dekat**	[rabun dekat]
strabisme (m)	**mata juling**	[mata ʤʲuliŋ]
strabique (adj)	**bermata juling**	[bərmata ʤʲuliŋ]
cataracte (f)	**katarak**	[kataraˀ]
glaucome (m)	**glaukoma**	[glaukoma]
insulte (f)	**stroke**	[stroke]
crise (f) cardiaque	**infark**	[infarˀ]
infarctus (m) de myocarde	**serangan jantung**	[seraŋan ʤʲantuŋ]
paralysie (f)	**kelumpuhan**	[kelumpuhan]
paralyser (vt)	**melumpuhkan**	[melumpuhkan]
allergie (f)	**alergi**	[alergi]
asthme (m)	**asma**	[asma]
diabète (m)	**diabetes**	[diabetes]
mal (m) de dents	**sakit gigi**	[sakit gigi]
carie (f)	**karies**	[karies]
diarrhée (f)	**diare**	[diare]
constipation (f)	**konstipasi, sembelit**	[konstipasi], [sembelit]
estomac (m) barbouillé	**gangguan pencernaan**	[gaŋuan pentʃarnaˀan]
intoxication (f) alimentaire	**keracunan makanan**	[keratʃunan makanan]
être intoxiqué	**keracunan makanan**	[keratʃunan makanan]
arthrite (f)	**artritis**	[artritis]
rachitisme (m)	**rakitis**	[rakitis]
rhumatisme (m)	**rematik**	[rematiˀ]
athérosclérose (f)	**aterosklerosis**	[aterosklerosis]
gastrite (f)	**radang perut**	[radaŋ pərut]
appendicite (f)	**apendisitis**	[apendisitis]

| cholécystite (f) | radang pundi empedu | [radaŋ pundi empedu] |
| ulcère (m) | tukak lambung | [tuka' lambuŋ] |

rougeole (f)	penyakit campak	[penjakit tʃampa']
rubéole (f)	penyakit campak Jerman	[penjakit tʃampa' dʒˈerman]
jaunisse (f)	sakit kuning	[sakit kuniŋ]
hépatite (f)	hepatitis	[hepatitis]

schizophrénie (f)	skizofrenia	[skizofrenia]
rage (f) (hydrophobie)	rabies	[rabies]
névrose (f)	neurosis	[neurosis]
commotion (f) cérébrale	gegar otak	[gegar ota']

cancer (m)	kanker	[kanker]
sclérose (f)	sklerosis	[sklerosis]
sclérose (f) en plaques	sklerosis multipel	[sklerosis multipel]

alcoolisme (m)	alkoholisme	[alkoholisme]
alcoolique (m)	alkoholik	[alkoholi']
syphilis (f)	sifilis	[sifilis]
SIDA (m)	AIDS	[ajds]

tumeur (f)	tumor	[tumor]
maligne (adj)	ganas	[ganas]
bénigne (adj)	jinak	[dʒina']

fièvre (f)	demam	[demam]
malaria (f)	malaria	[malaria]
gangrène (f)	gangren	[gaŋren]
mal (m) de mer	mabuk laut	[mabu' laut]
épilepsie (f)	epilepsi	[epilepsi]

épidémie (f)	epidemi	[epidemi]
typhus (m)	tifus	[tifus]
tuberculose (f)	tuberkulosis	[tuberkulosis]
choléra (m)	kolera	[kolera]
peste (f)	penyakit pes	[penjakit pes]

69. Les symptômes. Le traitement. Partie 1

symptôme (m)	gejala	[gedʒˈala]
température (f)	temperatur, suhu	[temperatur], [suhu]
fièvre (f)	temperatur tinggi	[temperatur tiŋgi]
pouls (m)	denyut nadi	[denyut nadi]

vertige (m)	rasa pening	[rasa peniŋ]
chaud (adj)	panas	[panas]
frisson (m)	menggigil	[məŋgigil]
pâle (adj)	pucat	[putʃat]

toux (f)	batuk	[batu']
tousser (vi)	batuk	[batu']
éternuer (vi)	bersin	[bersin]
évanouissement (m)	pingsan	[piŋsan]

s'évanouir (vp)	jatuh pingsan	[dʒ'atuh piŋsan]
bleu (m)	luka memar	[luka memar]
bosse (f)	bengkak	[beŋkaʔ]
se heurter (vp)	terantuk	[tərantuʔ]
meurtrissure (f)	luka memar	[luka memar]
se faire mal	kena luka memar	[kena luka memar]
boiter (vi)	pincang	[pintʃaŋ]
foulure (f)	keseleo	[keseleo]
se démettre (l'épaule, etc.)	keseleo	[keseleo]
fracture (f)	fraktura, patah tulang	[fraktura], [patah tulaŋ]
avoir une fracture	patah tulang	[patah tulaŋ]
coupure (f)	teriris	[təriris]
se couper (~ le doigt)	teriris	[təriris]
hémorragie (f)	perdarahan	[pərdarahan]
brûlure (f)	luka bakar	[luka bakar]
se brûler (vp)	menderita luka bakar	[mənderita luka bakar]
se piquer (le doigt)	menusuk	[mənusuʔ]
se piquer (vp)	tertusuk	[tərtusuʔ]
blesser (vt)	melukai	[melukaj]
blessure (f)	cedera	[tʃedera]
plaie (f) (blessure)	luka	[luka]
trauma (m)	trauma	[trauma]
délirer (vi)	mengigau	[məŋigau]
bégayer (vi)	gagap	[gagap]
insolation (f)	sengatan matahari	[seŋatan matahari]

70. Les symptômes. Le traitement. Partie 2

douleur (f)	sakit	[sakit]
écharde (f)	selumbar	[selumbar]
sueur (f)	keringat	[keriŋat]
suer (vi)	berkeringat	[bərkeriŋat]
vomissement (m)	muntah	[muntah]
spasmes (m pl)	kram	[kram]
enceinte (adj)	hamil	[hamil]
naître (vi)	lahir	[lahir]
accouchement (m)	persalinan	[pərsalinan]
accoucher (vi)	melahirkan	[melahirkan]
avortement (m)	aborsi	[aborsi]
respiration (f)	pernapasan	[pərnapasan]
inhalation (f)	tarikan napas	[tarikan napas]
expiration (f)	napas keluar	[napas keluar]
expirer (vi)	mengembuskan napas	[məŋembuskan napas]
inspirer (vi)	menarik napas	[mənariʔ napas]
invalide (m)	penderita cacat	[penderita tʃatʃat]
handicapé (m)	penderita cacat	[penderita tʃatʃat]

drogué (m)	pecandu narkoba	[petʃandu narkoba]
sourd (adj)	tunarungu	[tunaruŋu]
muet (adj)	tunawicara	[tunawitʃara]
sourd-muet (adj)	tunarungu-wicara	[tunaruŋu-witʃara]
fou (adj)	gila	[gila]
fou (m)	lelaki gila	[lelaki gila]
folle (f)	perempuan gila	[pərempuan gila]
devenir fou	menggila	[məŋgila]
gène (m)	gen	[gen]
immunité (f)	imunitas	[imunitas]
héréditaire (adj)	turun-temurun	[turun-temurun]
congénital (adj)	bawaan	[bawa'an]
virus (m)	virus	[virus]
microbe (m)	mikroba	[mikroba]
bactérie (f)	bakteri	[bakteri]
infection (f)	infeksi	[infeksi]

71. Les symptômes. Le traitement. Partie 3

hôpital (m)	rumah sakit	[rumah sakit]
patient (m)	pasien	[pasien]
diagnostic (m)	diagnosis	[diagnosis]
cure (f) (faire une ~)	perawatan	[pərawatan]
traitement (m)	pengobatan medis	[pəŋobatan medis]
se faire soigner	berobat	[bərobat]
traiter (un patient)	merawat	[merawat]
soigner (un malade)	merawat	[merawat]
soins (m pl)	pengasuhan	[pəŋasuhan]
opération (f)	operasi, pembedahan	[operasi], [pembedahan]
panser (vt)	membalut	[membalut]
pansement (m)	pembalutan	[pembalutan]
vaccination (f)	vaksinasi	[vaksinasi]
vacciner (vt)	memvaksinasi	[memvaksinasi]
piqûre (f)	suntikan	[suntikan]
faire une piqûre	menyuntik	[mənyunti']
crise, attaque (f)	serangan	[seraŋan]
amputation (f)	amputasi	[amputasi]
amputer (vt)	mengamputasi	[məŋamputasi]
coma (m)	koma	[koma]
être dans le coma	dalam keadaan koma	[dalam keada'an koma]
réanimation (f)	perawatan intensif	[pərawatan intensif]
se rétablir (vp)	sembuh	[sembuh]
état (m) (de santé)	keadaan	[keada'an]
conscience (f)	kesadaran	[kesadaran]
mémoire (f)	memori, daya ingat	[memori], [daja iŋat]
arracher (une dent)	mencabut	[məntʃabut]

| plombage (m) | tambalan | [tambalan] |
| plomber (vt) | menambal | [mənambal] |

| hypnose (f) | hipnosis | [hipnosis] |
| hypnotiser (vt) | menghipnosis | [məŋhipnosis] |

72. Les médecins

médecin (m)	dokter	[dokter]
infirmière (f)	suster, juru rawat	[suster], [dʒ'uru rawat]
médecin (m) personnel	dokter pribadi	[dokter pribadi]

dentiste (m)	dokter gigi	[dokter gigi]
ophtalmologiste (m)	dokter mata	[dokter mata]
généraliste (m)	ahli penyakit dalam	[ahli penjakit dalam]
chirurgien (m)	dokter bedah	[dokter bedah]

psychiatre (m)	psikiater	[psikiater]
pédiatre (m)	dokter anak	[dokter anaʔ]
psychologue (m)	psikolog	[psikolog]
gynécologue (m)	ginekolog	[ginekolog]
cardiologue (m)	kardiolog	[kardiolog]

73. Les médicaments. Les accessoires

médicament (m)	obat	[obat]
remède (m)	obat	[obat]
prescrire (vt)	meresepkan	[meresepkan]
ordonnance (f)	resep	[resep]

comprimé (m)	pil, tablet	[pil], [tablet]
onguent (m)	salep	[salep]
ampoule (f)	ampul	[ampul]
mixture (f)	obat cair	[obat ʧajr]
sirop (m)	sirop	[sirop]
pilule (f)	pil	[pil]
poudre (f)	bubuk	[bubuʔ]

bande (f)	perban	[perban]
coton (m) (ouate)	kapas	[kapas]
iode (m)	iodium	[iodium]

sparadrap (m)	plester obat	[plester obat]
compte-gouttes (m)	tetes mata	[tetes mata]
thermomètre (m)	termometer	[tərmometər]
seringue (f)	alat suntik	[alat suntiʔ]

| fauteuil (m) roulant | kursi roda | [kursi roda] |
| béquilles (f pl) | kruk | [kruʔ] |

| anesthésique (m) | obat bius | [obat bius] |
| purgatif (m) | laksatif, obat pencuci perut | [laksatif], [obat penʧuʧi pərut] |

alcool (m)	spiritus, alkohol	[spiritus], [alkohol]
herbe (f) médicinale	tanaman obat	[tanaman obat]
d'herbes (adj)	herbal	[herbal]

74. Le tabac et ses produits dérivés

tabac (m)	tembakau	[tembakau]
cigarette (f)	rokok	[roko']
cigare (f)	cerutu	[ʧerutu]
pipe (f)	pipa	[pipa]
paquet (m)	bungkus	[buŋkus]

allumettes (f pl)	korek api	[kore' api]
boîte (f) d'allumettes	kotak korek api	[kota' kore' api]
briquet (m)	pemantik	[pemanti']
cendrier (m)	asbak	[asba']
étui (m) à cigarettes	selepa	[selepa]

| fume-cigarette (m) | pemegang rokok | [pemegaŋ roko'] |
| filtre (m) | filter | [filter] |

fumer (vi, vt)	merokok	[meroko']
allumer une cigarette	menyulut rokok	[mənyulut roko']
tabagisme (m)	merokok	[meroko']
fumeur (m)	perokok	[pəroko']

mégot (m)	puntung rokok	[puntuŋ roko']
fumée (f)	asap	[asap]
cendre (f)	abu	[abu]

L'HABITAT HUMAIN

La ville

75. La ville. La vie urbaine

ville (f)	kota	[kota]
capitale (f)	ibu kota	[ibu kota]
village (m)	desa	[desa]
plan (m) de la ville	peta kota	[peta kota]
centre-ville (m)	pusat kota	[pusat kota]
banlieue (f)	pinggir kota	[piŋgir kota]
de banlieue (adj)	pinggir kota	[piŋgir kota]
périphérie (f)	pinggir	[piŋgir]
alentours (m pl)	daerah sekitarnya	[daerah sekitarnja]
quartier (m)	blok	[bloʔ]
quartier (m) résidentiel	blok perumahan	[bloʔ pərumahan]
trafic (m)	lalu lintas	[lalu lintas]
feux (m pl) de circulation	lampu lalu lintas	[lampu lalu lintas]
transport (m) urbain	angkot	[aŋkot]
carrefour (m)	persimpangan	[pərsimpaŋan]
passage (m) piéton	penyeberangan	[penjeberaŋan]
passage (m) souterrain	terowongan penyeberangan	[tərowoŋan penjeberaŋan]
traverser (vt)	menyeberang	[mənjeberaŋ]
piéton (m)	pejalan kaki	[pedʒ'alan kaki]
trottoir (m)	trotoar	[trotoar]
pont (m)	jembatan	[dʒ'embatan]
quai (m)	tepi sungai	[tepi suŋaj]
fontaine (f)	air mancur	[air mantʃur]
allée (f)	jalan kecil	[dʒ'alan ketʃil]
parc (m)	taman	[taman]
boulevard (m)	bulevar, adimarga	[bulevar], [adimarga]
place (f)	lapangan	[lapaŋan]
avenue (f)	jalan raya	[dʒ'alan raja]
rue (f)	jalan	[dʒ'alan]
ruelle (f)	gang	[gaŋ]
impasse (f)	jalan buntu	[dʒ'alan buntu]
maison (f)	rumah	[rumah]
édifice (m)	gedung	[geduŋ]
gratte-ciel (m)	pencakar langit	[pentʃakar laŋit]
façade (f)	bagian depan	[bagian depan]

toit (m)	atap	[atap]
fenêtre (f)	jendela	[dʒ'endela]
arc (m)	lengkungan	[leŋkuŋan]
colonne (f)	pilar	[pilar]
coin (m)	sudut	[sudut]

vitrine (f)	etalase	[etalase]
enseigne (f)	papan nama	[papan nama]
affiche (f)	poster	[poster]
affiche (f) publicitaire	poster iklan	[poster iklan]
panneau-réclame (m)	papan iklan	[papan iklan]

ordures (f pl)	sampah	[sampah]
poubelle (f)	tong sampah	[toŋ sampah]
jeter à terre	menyampah	[mənjampah]
décharge (f)	tempat pemrosesan akhir (TPA)	[tempat pemrosesan ahir]

cabine (f) téléphonique	gardu telepon umum	[gardu telepon umum]
réverbère (m)	tiang lampu	[tiaŋ lampu]
banc (m)	bangku	[baŋku]

policier (m)	polisi	[polisi]
police (f)	polisi, kepolisian	[polisi], [kepolisian]
clochard (m)	pengemis	[peŋemis]
sans-abri (m)	tuna wisma	[tuna wisma]

76. Les institutions urbaines

magasin (m)	toko	[toko]
pharmacie (f)	apotek, toko obat	[apotek], [toko obat]
opticien (m)	optik	[opti']
centre (m) commercial	toserba	[toserba]
supermarché (m)	pasar swalayan	[pasar swalajan]

boulangerie (f)	toko roti	[toko roti]
boulanger (m)	pembuat roti	[pembuat roti]
pâtisserie (f)	toko kue	[toko kue]
épicerie (f)	toko pangan	[toko paŋan]
boucherie (f)	toko daging	[toko dagiŋ]

magasin (m) de légumes	toko sayur	[toko sajur]
marché (m)	pasar	[pasar]

salon (m) de café	warung kopi	[waruŋ kopi]
restaurant (m)	restoran	[restoran]
brasserie (f)	kedai bir	[kedaj bir]
pizzeria (f)	kedai piza	[kedaj piza]

salon (m) de coiffure	salon rambut	[salon rambut]
poste (f)	kantor pos	[kantor pos]
pressing (m)	penatu kimia	[penatu kimia]
atelier (m) de photo	studio foto	[studio foto]
magasin (m) de chaussures	toko sepatu	[toko sepatu]

| librairie (f) | toko buku | [toko buku] |
| magasin (m) d'articles de sport | toko alat olahraga | [toko alat olahraga] |

atelier (m) de retouche	reparasi pakaian	[reparasi pakajan]
location (f) de vêtements	rental pakaian	[rental pakajan]
location (f) de films	rental film	[rental film]

cirque (m)	sirkus	[sirkus]
zoo (m)	kebun binatang	[kebun binataŋ]
cinéma (m)	bioskop	[bioskop]
musée (m)	museum	[museum]
bibliothèque (f)	perpustakaan	[pərpustaka'an]

théâtre (m)	teater	[teater]
opéra (m)	opera	[opera]
boîte (f) de nuit	klub malam	[klub malam]
casino (m)	kasino	[kasino]

mosquée (f)	masjid	[masdʒid]
synagogue (f)	sinagoga, kanisah	[sinagoga], [kanisah]
cathédrale (f)	katedral	[katedral]
temple (m)	kuil, candi	[kuil], [tʃandi]
église (f)	gereja	[geredʒia]

institut (m)	institut, perguruan tinggi	[institut], [pərguruan tiŋgi]
université (f)	universitas	[universitas]
école (f)	sekolah	[sekolah]

préfecture (f)	prefektur, distrik	[prefektur], [distri']
mairie (f)	balai kota	[balaj kota]
hôtel (m)	hotel	[hotel]
banque (f)	bank	[ban']

ambassade (f)	kedutaan besar	[keduta'an besar]
agence (f) de voyages	kantor pariwisata	[kantor pariwisata]
bureau (m) d'information	kantor penerangan	[kantor peneraŋan]
bureau (m) de change	kantor penukaran uang	[kantor penukaran uaŋ]

| métro (m) | kereta api bawah tanah | [kereta api bawah tanah] |
| hôpital (m) | rumah sakit | [rumah sakit] |

| station-service (f) | SPBU, stasiun bensin | [es-pe-be-u], [stasjun bensin] |
| parking (m) | tempat parkir | [tempat parkir] |

77. Les transports en commun

autobus (m)	bus	[bus]
tramway (m)	trem	[trem]
trolleybus (m)	bus listrik	[bus listri']
itinéraire (m)	trayek	[trae']
numéro (m)	nomor	[nomor]

| prendre ... | naik ... | [nai' ...] |
| monter (dans l'autobus) | naik | [nai'] |

descendre de ...	turun ...	[turun ...]
arrêt (m)	halte, pemberhentian	[halte], [pemberhentian]
arrêt (m) prochain	halte berikutnya	[halte berikutnja]
terminus (m)	halte terakhir	[halte tərahir]
horaire (m)	jadwal	[dʒˈadwal]
attendre (vt)	menunggu	[mənuŋgu]

| ticket (m) | tiket | [tiket] |
| prix (m) du ticket | harga karcis | [harga kartʃis] |

caissier (m)	kasir	[kasir]
contrôle (m) des tickets	pemeriksaan tiket	[pemeriksa'an tiket]
contrôleur (m)	kondektur	[kondektur]

être en retard	terlambat ...	[tərlambat ...]
rater (~ le train)	ketinggalan	[ketiŋgalan]
se dépêcher	tergesa-gesa	[tərgesa-gesa]

taxi (m)	taksi	[taksi]
chauffeur (m) de taxi	sopir taksi	[sopir taksi]
en taxi	naik taksi	[nai' taksi]
arrêt (m) de taxi	pangkalan taksi	[paŋkalan taksi]
appeler un taxi	memanggil taksi	[memaŋgil taksi]
prendre un taxi	menaiki taksi	[mənajki taksi]

trafic (m)	lalu lintas	[lalu lintas]
embouteillage (m)	kemacetan lalu lintas	[kematʃetan lalu lintas]
heures (f pl) de pointe	jam sibuk	[dʒˈam sibu']
se garer (vp)	parkir	[parkir]
garer (vt)	memarkir	[memarkir]
parking (m)	tempat parkir	[tempat parkir]

métro (m)	kereta api bawah tanah	[kereta api bawah tanah]
station (f)	stasiun	[stasiun]
prendre le métro	naik kereta api bawah tanah	[nai' kereta api bawah tanah]
train (m)	kereta api	[kereta api]
gare (f)	stasiun kereta api	[stasiun kereta api]

78. Le tourisme

monument (m)	monumen, patung	[monumen], [patuŋ]
forteresse (f)	benteng	[benteŋ]
palais (m)	istana	[istana]
château (m)	kastil	[kastil]
tour (f)	menara	[mənara]
mausolée (m)	mausoleum	[mausoleum]

architecture (f)	arsitektur	[arsitektur]
médiéval (adj)	abad pertengahan	[abad pertenahan]
ancien (adj)	kuno	[kuno]
national (adj)	nasional	[nasional]
connu (adj)	terkenal	[tərkenal]
touriste (m)	turis, wisatawan	[turis], [wisatawan]

guide (m) (personne)	pemandu wisata	[pemandu wisata]
excursion (f)	ekskursi	[ekskursi]
montrer (vt)	menunjukkan	[mənundʒˈuʔkan]
raconter (une histoire)	menceritakan	[məntʃeritakan]

trouver (vt)	mendapatkan	[məndapatkan]
se perdre (vp)	tersesat	[tərsesat]
plan (m) (du metro, etc.)	denah	[denah]
carte (f) (de la ville, etc.)	peta	[peta]

souvenir (m)	suvenir	[suvenir]
boutique (f) de souvenirs	toko suvenir	[toko suvenir]
prendre en photo	memotret	[memotret]
se faire prendre en photo	berfoto	[bərfoto]

79. Le shopping

acheter (vt)	membeli	[membeli]
achat (m)	belanjaan	[belandʒˈaʔan]
faire des achats	berbelanja	[bərbelandʒˈa]
shopping (m)	berbelanja	[bərbelandʒˈa]

| être ouvert | buka | [buka] |
| être fermé | tutup | [tutup] |

chaussures (f pl)	sepatu	[sepatu]
vêtement (m)	pakaian	[pakajan]
produits (m pl) de beauté	kosmetik	[kosmetiʔ]
produits (m pl) alimentaires	produk makanan	[produʔ makanan]
cadeau (m)	hadiah	[hadiah]

| vendeur (m) | pramuniaga | [pramuniaga] |
| vendeuse (f) | pramuniaga perempuan | [pramuniaga pərempuan] |

caisse (f)	kas	[kas]
miroir (m)	cermin	[tʃermin]
comptoir (m)	konter	[konter]
cabine (f) d'essayage	kamar pas	[kamar pas]

essayer (robe, etc.)	mengepas	[məŋepas]
aller bien (robe, etc.)	pas, cocok	[pas], [tʃotʃoʔ]
plaire (être apprécié)	suka	[suka]

prix (m)	harga	[harga]
étiquette (f) de prix	label harga	[label harga]
coûter (vt)	berharga	[bərharga]
Combien?	Berapa?	[bərapa?]
rabais (m)	diskon	[diskon]

pas cher (adj)	tidak mahal	[tidaʔ mahal]
bon marché (adj)	murah	[murah]
cher (adj)	mahal	[mahal]
C'est cher	Ini mahal	[ini mahal]
location (f)	rental, persewaan	[rental], [pərsewaʔan]

louer (une voiture, etc.)	**menyewa**	[mənjewa]
crédit (m)	**kredit**	[kredit]
à crédit (adv)	**secara kredit**	[setʃara kredit]

80. L'argent

argent (m)	**uang**	[uaŋ]
échange (m)	**pertukaran mata uang**	[pərtukaran mata uaŋ]
cours (m) de change	**nilai tukar**	[nilaj tukar]
distributeur (m)	**Anjungan Tunai Mandiri, ATM**	[andʒˈuŋan tunaj mandiri], [a-te-em]
monnaie (f)	**koin**	[koin]
dollar (m)	**dolar**	[dolar]
euro (m)	**euro**	[euro]
lire (f)	**lira**	[lira]
mark (m) allemand	**Mark Jerman**	[marʾ dʒˈerman]
franc (m)	**franc**	[frantʃ]
livre sterling (f)	**poundsterling**	[paundsterliŋ]
yen (m)	**yen**	[yen]
dette (f)	**utang**	[utaŋ]
débiteur (m)	**pengutang**	[peŋutaŋ]
prêter (vt)	**meminjamkan**	[memindʒˈamkan]
emprunter (vt)	**meminjam**	[memindʒˈam]
banque (f)	**bank**	[banʾ]
compte (m)	**rekening**	[rekeniŋ]
verser (dans le compte)	**memasukkan**	[memasuʾkan]
verser dans le compte	**memasukkan ke rekening**	[memasuʾkan ke rekeniŋ]
retirer du compte	**menarik uang**	[mənariʾ uaŋ]
carte (f) de crédit	**kartu kredit**	[kartu kredit]
espèces (f pl)	**uang kontan, uang tunai**	[uaŋ kontan], [uaŋ tunaj]
chèque (m)	**cek**	[tʃeʾ]
faire un chèque	**menulis cek**	[mənulis tʃeʾ]
chéquier (m)	**buku cek**	[buku tʃeʾ]
portefeuille (m)	**dompet**	[dompet]
bourse (f)	**dompet, pundi-pundi**	[dompet], [pundi-pundi]
coffre fort (m)	**brankas**	[brankas]
héritier (m)	**pewaris**	[pewaris]
héritage (m)	**warisan**	[warisan]
fortune (f)	**kekayaan**	[kekajaʾan]
location (f)	**sewa**	[sewa]
loyer (m) (argent)	**uang sewa**	[uaŋ sewa]
louer (prendre en location)	**menyewa**	[mənjewa]
prix (m)	**harga**	[harga]
coût (m)	**harga**	[harga]
somme (f)	**jumlah**	[dʒˈumlah]

dépenser (vt)	menghabiskan	[məŋhabiskan]
dépenses (f pl)	ongkos	[oŋkos]
économiser (vt)	menghemat	[məŋhemat]
économe (adj)	hemat	[hemat]
payer (régler)	membayar	[membajar]
paiement (m)	pembayaran	[pembajaran]
monnaie (f) (rendre la ~)	kembalian	[kembalian]
impôt (m)	pajak	[padʒ¹a']
amende (f)	denda	[denda]
mettre une amende	mendenda	[məndenda]

81. La poste. Les services postaux

poste (f)	kantor pos	[kantor pos]
courrier (m) (lettres, etc.)	surat	[surat]
facteur (m)	tukang pos	[tukaŋ pos]
heures (f pl) d'ouverture	jam buka	[dʒ¹am buka]
lettre (f)	surat	[surat]
recommandé (m)	surat tercatat	[surat tərtʃatat]
carte (f) postale	kartu pos	[kartu pos]
télégramme (m)	telegram	[telegram]
colis (m)	parsel, paket pos	[parsel], [paket pos]
mandat (m) postal	wesel pos	[wesel pos]
recevoir (vt)	menerima	[mənerima]
envoyer (vt)	mengirim	[məŋirim]
envoi (m)	pengiriman	[peŋiriman]
adresse (f)	alamat	[alamat]
code (m) postal	kode pos	[kode pos]
expéditeur (m)	pengirim	[peŋirim]
destinataire (m)	penerima	[penerima]
prénom (m)	nama	[nama]
nom (m) de famille	nama keluarga	[nama keluarga]
tarif (m)	tarif	[tarif]
normal (adj)	biasa, standar	[biasa], [standar]
économique (adj)	ekonomis	[ekonomis]
poids (m)	berat	[berat]
peser (~ les lettres)	menimbang	[mənimbaŋ]
enveloppe (f)	amplop	[amplop]
timbre (m)	prangko	[praŋko]
timbrer (vt)	menempelkan prangko	[mənempelkan praŋko]

Le logement. La maison. Le foyer

82. La maison. Le logis

maison (f)	rumah	[rumah]
chez soi	di rumah	[di rumah]
cour (f)	pekarangan	[pekaraŋan]
clôture (f)	pagar	[pagar]
brique (f)	bata, batu bata	[bata], [batu bata]
en brique (adj)	bata, batu bata	[bata], [batu bata]
pierre (f)	batu	[batu]
en pierre (adj)	batu	[batu]
béton (m)	beton	[beton]
en béton (adj)	beton	[beton]
neuf (adj)	baru	[baru]
vieux (adj)	tua	[tua]
délabré (adj)	reyot	[reyot]
moderne (adj)	modern	[modern]
à plusieurs étages	susun	[susun]
haut (adj)	tinggi	[tiŋgi]
étage (m)	lantai	[lantaj]
sans étage (adj)	berlantai satu	[bərlantaj satu]
rez-de-chaussée (m)	lantai bawah	[lantaj bawah]
dernier étage (m)	lantai atas	[lantaj atas]
toit (m)	atap	[atap]
cheminée (f)	cerobong	[tʃeroboŋ]
tuile (f)	genting	[gentiŋ]
en tuiles (adj)	bergenting	[bərgentiŋ]
grenier (m)	loteng	[loteŋ]
fenêtre (f)	jendela	[dʒʲendela]
vitre (f)	kaca	[katʃa]
rebord (m)	ambang jendela	[ambaŋ dʒʲendela]
volets (m pl)	daun jendela	[daun dʒʲendela]
mur (m)	dinding	[dindiŋ]
balcon (m)	balkon	[balkon]
gouttière (f)	pipa talang	[pipa talaŋ]
en haut (à l'étage)	di atas	[di atas]
monter (vi)	naik	[naiʔ]
descendre (vi)	turun	[turun]
déménager (vi)	pindah	[pindah]

83. La maison. L'entrée. L'ascenseur

entrée (f)	pintu masuk	[pintu masuʔ]
escalier (m)	tangga	[taŋga]
marches (f pl)	anak tangga	[anaʔ taŋga]
rampe (f)	pegangan tangan	[pegaŋan taŋan]
hall (m)	lobi, ruang depan	[lobi], [ruaŋ depan]
boîte (f) à lettres	kotak pos	[kotaʔ pos]
poubelle (f) d'extérieur	tong sampah	[toŋ sampah]
vide-ordures (m)	saluran pembuangan sampah	[saluran pembuaŋan sampah]
ascenseur (m)	elevator	[elevator]
monte-charge (m)	lift barang	[lift baraŋ]
cabine (f)	kabin lift	[kabin lift]
prendre l'ascenseur	naik elevator	[naiʔ elevator]
appartement (m)	apartemen	[apartemen]
locataires (m pl)	penghuni	[peŋhuni]
voisin (m)	tetangga	[tetaŋga]
voisine (f)	tetangga	[tetaŋga]
voisins (m pl)	para tetangga	[para tetaŋga]

84. La maison. La porte. La serrure

porte (f)	pintu	[pintu]
portail (m)	pintu gerbang	[pintu gerbaŋ]
poignée (f)	gagang pintu	[gagaŋ pintu]
déverrouiller (vt)	membuka kunci	[membuka kuntʃi]
ouvrir (vt)	membuka	[membuka]
fermer (vt)	menutup	[mənutup]
clé (f)	kunci	[kuntʃi]
trousseau (m), jeu (m)	serangkaian kunci	[seraŋkajan kuntʃi]
grincer (la porte)	bergerit	[bərgerit]
grincement (m)	gerit	[gerit]
gond (m)	engsel	[eŋsel]
paillasson (m)	tikar	[tikar]
serrure (f)	kunci pintu	[kuntʃi pintu]
trou (m) de la serrure	lubang kunci	[lubaŋ kuntʃi]
verrou (m)	gerendel	[gerendel]
loquet (m)	gerendel	[gerendel]
cadenas (m)	gembok	[gemboʔ]
sonner (à la porte)	membunyikan	[membunjikan]
sonnerie (f)	dering	[deriŋ]
sonnette (f)	bel	[bel]
bouton (m)	kenop	[kenop]
coups (m pl) à la porte	ketukan	[ketukan]
frapper (~ à la porte)	mengetuk	[məŋetuʔ]

code (m)	kode	[kode]
serrure (f) à combinaison	gembok berkode	[gembo' berkode]
interphone (m)	interkom	[interkom]
numéro (m)	nomor	[nomor]
plaque (f) de porte	papan tanda	[papan tanda]
judas (m)	lubang intip	[lubaŋ intip]

85. La maison de campagne

village (m)	desa	[desa]
potager (m)	kebun sayur	[kebun sajur]
palissade (f)	pagar	[pagar]
clôture (f)	pagar	[pagar]
portillon (m)	pintu pagar	[pintu pagar]
grange (f)	lumbung	[lumbuŋ]
cave (f)	kelder	[kelder]
abri (m) de jardin	gubuk	[gubu']
puits (m)	sumur	[sumur]
poêle (m) (~ à bois)	tungku	[tuŋku]
chauffer le poêle	menyalakan tungku	[mənjalakan tuŋku]
bois (m) de chauffage	kayu bakar	[kaju bakar]
bûche (f)	potongan kayu bakar	[potoŋan kaju bakar]
véranda (f)	beranda	[beranda]
terrasse (f)	teras	[teras]
perron (m) d'entrée	anjungan depan	[andჳʲuŋan depan]
balançoire (f)	ayunan	[ajunan]

86. Le château. Le palais

château (m)	kastil	[kastil]
palais (m)	istana	[istana]
forteresse (f)	benteng	[benteŋ]
muraille (f)	tembok	[tembo']
tour (f)	menara	[mənara]
donjon (m)	menara utama	[mənara utama]
herse (f)	jeruji pintu kota	[dჳʲerudჳi pintu kota]
souterrain (m)	jalan bawah tanah	[dჳʲalan bawah tanah]
douve (f)	parit	[parit]
chaîne (f)	rantai	[rantaj]
meurtrière (f)	laras panah, lop panah	[laras panah], [lop panah]
magnifique (adj)	megah	[megah]
majestueux (adj)	megah sekali	[megah sekali]
inaccessible (adj)	sulit dicapai	[sulit ditʃapaj]
médiéval (adj)	abad pertengahan	[abad pərteŋahan]

87. L'appartement

appartement (m)	**apartemen**	[apartemen]
chambre (f)	**kamar**	[kamar]
chambre (f) à coucher	**kamar tidur**	[kamar tidur]
salle (f) à manger	**ruang makan**	[ruaŋ makan]
salon (m)	**ruang tamu**	[ruaŋ tamu]
bureau (m)	**ruang kerja**	[ruaŋ kerdʒʲa]
antichambre (f)	**ruang depan**	[ruaŋ depan]
salle (f) de bains	**kamar mandi**	[kamar mandi]
toilettes (f pl)	**kamar kecil**	[kamar ketʃil]
plafond (m)	**plafon, langit-langit**	[plafon], [laŋit-laŋit]
plancher (m)	**lantai**	[lantaj]
coin (m)	**sudut**	[sudut]

88. L'appartement. Le ménage

faire le ménage	**membereskan**	[membereskan]
ranger (jouets, etc.)	**meletakkan**	[meletaʔkan]
poussière (f)	**debu**	[debu]
poussiéreux (adj)	**debu**	[debu]
essuyer la poussière	**menyapu debu**	[məɲapu debu]
aspirateur (m)	**pengisap debu**	[peŋisap debu]
passer l'aspirateur	**membersihkan dengan pengisap debu**	[membersihkan deŋan peŋisap debu]
balayer (vt)	**menyapu**	[məɲapu]
balayures (f pl)	**sampah**	[sampah]
ordre (m)	**kerapian**	[kerapian]
désordre (m)	**berantakan**	[bərantakan]
balai (m) à franges	**kain pel**	[kain pel]
torchon (m)	**lap**	[lap]
balayette (f) de sorgho	**sapu lidi**	[sapu lidi]
pelle (f) à ordures	**pengki**	[peŋki]

89. Les meubles. L'intérieur

meubles (m pl)	**mebel**	[mebel]
table (f)	**meja**	[medʒʲa]
chaise (f)	**kursi**	[kursi]
lit (m)	**ranjang**	[randʒʲaŋ]
canapé (m)	**dipan**	[dipan]
fauteuil (m)	**kursi malas**	[kursi malas]
bibliothèque (f) (meuble)	**lemari buku**	[lemari buku]
rayon (m)	**rak**	[raʔ]
armoire (f)	**lemari pakaian**	[lemari pakajan]

patère (f)	**kapstok**	[kapsto']
portemanteau (m)	**kapstok berdiri**	[kapsto' berdiri]
commode (f)	**lemari laci**	[lemari latʃi]
table (f) basse	**meja kopi**	[medʒ'a kopi]
miroir (m)	**cermin**	[tʃermin]
tapis (m)	**permadani**	[permadani]
petit tapis (m)	**karpet kecil**	[karpet ketʃil]
cheminée (f)	**perapian**	[perapian]
bougie (f)	**lilin**	[lilin]
chandelier (m)	**kaki lilin**	[kaki lilin]
rideaux (m pl)	**gorden**	[gorden]
papier (m) peint	**kertas dinding**	[kertas dindiŋ]
jalousie (f)	**kerai**	[keraj]
lampe (f) de table	**lampu meja**	[lampu medʒ'a]
applique (f)	**lampu dinding**	[lampu dindiŋ]
lampadaire (m)	**lampu lantai**	[lampu lantaj]
lustre (m)	**lampu bercabang**	[lampu bertʃabaŋ]
pied (m) (~ de la table)	**kaki**	[kaki]
accoudoir (m)	**lengan**	[leŋan]
dossier (m)	**sandaran**	[sandaran]
tiroir (m)	**laci**	[latʃi]

90. La literie

linge (m) de lit	**kain kasur**	[kain kasur]
oreiller (m)	**bantal**	[bantal]
taie (f) d'oreiller	**sarung bantal**	[saruŋ bantal]
couverture (f)	**selimut**	[selimut]
drap (m)	**seprai**	[sepraj]
couvre-lit (m)	**selubung kasur**	[selubuŋ kasur]

91. La cuisine

cuisine (f)	**dapur**	[dapur]
gaz (m)	**gas**	[gas]
cuisinière (f) à gaz	**kompor gas**	[kompor gas]
cuisinière (f) électrique	**kompor listrik**	[kompor listri']
four (m)	**oven**	[oven]
four (m) micro-ondes	**microwave**	[majkrowav]
réfrigérateur (m)	**lemari es, kulkas**	[lemari es], [kulkas]
congélateur (m)	**lemari pembeku**	[lemari pembeku]
lave-vaisselle (m)	**mesin pencuci piring**	[mesin pentʃutʃi piriŋ]
hachoir (m) à viande	**alat pelumat daging**	[alat pelumat dagiŋ]
centrifugeuse (f)	**mesin sari buah**	[mesin sari buah]

| grille-pain (m) | alat pemanggang roti | [alat pemaŋgaŋ roti] |
| batteur (m) | pencampur | [pentʃampur] |

machine (f) à café	mesin pembuat kopi	[mesin pembuat kopi]
cafetière (f)	teko kopi	[teko kopi]
moulin (m) à café	mesin penggiling kopi	[mesin peŋgiliŋ kopi]

bouilloire (f)	cerek	[tʃereʔ]
théière (f)	teko	[teko]
couvercle (m)	tutup	[tutup]
passoire (f) à thé	saringan teh	[sariŋan teh]

cuillère (f)	sendok	[sendoʔ]
petite cuillère (f)	sendok teh	[sendoʔ teh]
cuillère (f) à soupe	sendok makan	[sendoʔ makan]
fourchette (f)	garpu	[garpu]
couteau (m)	pisau	[pisau]

vaisselle (f)	piring mangkuk	[piriŋ maŋkuʔ]
assiette (f)	piring	[piriŋ]
soucoupe (f)	alas cangkir	[alas tʃaŋkir]

verre (m) à shot	seloki	[seloki]
verre (m) (~ d'eau)	gelas	[gelas]
tasse (f)	cangkir	[tʃaŋkir]

sucrier (m)	wadah gula	[wadah gula]
salière (f)	wadah garam	[wadah garam]
poivrière (f)	wadah merica	[wadah meritʃa]
beurrier (m)	wadah mentega	[wadah mentega]

casserole (f)	panci	[pantʃi]
poêle (f)	kuali	[kuali]
louche (f)	sudu	[sudu]
passoire (f)	saringan	[sariŋan]
plateau (m)	talam	[talam]

bouteille (f)	botol	[botol]
bocal (m) (à conserves)	gelas	[gelas]
boîte (f) en fer-blanc	kaleng	[kaleŋ]

ouvre-bouteille (m)	pembuka botol	[pembuka botol]
ouvre-boîte (m)	pembuka kaleng	[pembuka kaleŋ]
tire-bouchon (m)	kotrek	[kotreʔ]
filtre (m)	saringan	[sariŋan]
filtrer (vt)	saringan	[sariŋan]

| ordures (f pl) | sampah | [sampah] |
| poubelle (f) | tong sampah | [toŋ sampah] |

92. La salle de bains

| salle (f) de bains | kamar mandi | [kamar mandi] |
| eau (f) | air | [air] |

robinet (m)	keran	[keran]
eau (f) chaude	air panas	[air panas]
eau (f) froide	air dingin	[air diŋin]

dentifrice (m)	pasta gigi	[pasta gigi]
se brosser les dents	menggosok gigi	[məŋgosoʔ gigi]
brosse (f) à dents	sikat gigi	[sikat gigi]

se raser (vp)	bercukur	[bərtʃukur]
mousse (f) à raser	busa cukur	[busa tʃukur]
rasoir (m)	pisau cukur	[pisau tʃukur]

laver (vt)	mencuci	[məntʃutʃi]
se laver (vp)	mandi	[mandi]
douche (f)	pancuran	[pantʃuran]
prendre une douche	mandi pancuran	[mandi pantʃuran]

baignoire (f)	bak mandi	[baʔ mandi]
cuvette (f)	kloset	[kloset]
lavabo (m)	wastafel	[wastafel]

| savon (m) | sabun | [sabun] |
| porte-savon (m) | wadah sabun | [wadah sabun] |

éponge (f)	spons	[spons]
shampooing (m)	sampo	[sampo]
serviette (f)	handuk	[handuʔ]
peignoir (m) de bain	jubah mandi	[dʒʲubah mandi]

lessive (f) (faire la ~)	pencucian	[pentʃutʃian]
machine (f) à laver	mesin cuci	[mesin tʃutʃi]
faire la lessive	mencuci	[məntʃutʃi]
lessive (f) (poudre)	deterjen cuci	[deterdʒʲen tʃutʃi]

93. Les appareils électroménagers

téléviseur (m)	pesawat TV	[pesawat ti-vi]
magnétophone (m)	alat perekam	[alat pərekam]
magnétoscope (m)	video, VCR	[vidio], [vi-si-er]
radio (f)	radio	[radio]
lecteur (m)	pemutar	[pemutar]

vidéoprojecteur (m)	proyektor video	[proektor video]
home cinéma (m)	bioskop rumah	[bioskop rumah]
lecteur DVD (m)	pemutar DVD	[pemutar di-vi-di]
amplificateur (m)	penguat	[peŋuat]
console (f) de jeux	konsol permainan video	[konsol pərmajnan video]

caméscope (m)	kamera video	[kamera video]
appareil (m) photo	kamera	[kamera]
appareil (m) photo numérique	kamera digital	[kamera digital]

| aspirateur (m) | pengisap debu | [peŋisap debu] |
| fer (m) à repasser | setrika | [setrika] |

planche (f) à repasser	papan setrika	[papan setrika]
téléphone (m)	telepon	[telepon]
portable (m)	ponsel	[ponsel]
machine (f) à écrire	mesin ketik	[mesin keti']
machine (f) à coudre	mesin jahit	[mesin dʒˈahit]

micro (m)	mikrofon	[mikrofon]
écouteurs (m pl)	headphone, fonkepala	[headphone], [fonkepala]
télécommande (f)	panel kendali	[panel kendali]

CD (m)	cakram kompak	[tʃakram kompa']
cassette (f)	kaset	[kaset]
disque (m) (vinyle)	piringan hitam	[piriŋan hitam]

94. Les travaux de réparation et de rénovation

rénovation (f)	renovasi	[renovasi]
faire la rénovation	merenovasi	[merenovasi]
réparer (vt)	mereparasi, memperbaiki	[mereparasi], [memperbajki]
remettre en ordre	membereskan	[membereskan]
refaire (vt)	mengulangi	[məŋulaɲi]

peinture (f)	cat	[tʃat]
peindre (des murs)	mengecat	[məɲetʃat]
peintre (m) en bâtiment	tukang cat	[tukaŋ tʃat]
pinceau (m)	kuas	[kuas]

| chaux (f) | cat kapur | [tʃat kapur] |
| blanchir à la chaux | mengapur | [məŋapur] |

papier (m) peint	kertas dinding	[kertas dindiŋ]
tapisser (vt)	memasang kertas dinding	[memasaŋ kertas dindiŋ]
vernis (m)	pernis	[pernis]
vernir (vt)	memernis	[memernis]

95. La plomberie

eau (f)	air	[air]
eau (f) chaude	air panas	[air panas]
eau (f) froide	air dingin	[air diŋin]
robinet (m)	keran	[keran]

goutte (f)	tetes	[tetes]
goutter (vi)	menetes	[mənetes]
fuir (tuyau)	bocor	[botʃor]
fuite (f)	kebocoran	[kebotʃoran]
flaque (f)	kubangan	[kubaŋan]

tuyau (m)	pipa	[pipa]
valve (f)	katup	[katup]
se boucher (vp)	tersumbat	[tərsumbat]
outils (m pl)	peralatan	[pəralatan]

clé (f) réglable	kunci inggris	[kuntʃi iŋgris]
dévisser (vt)	mengendurkan	[məŋendurkan]
visser (vt)	mengencangkan	[məŋentʃaŋkan]

déboucher (vt)	membersihkan	[membersihkan]
plombier (m)	tukang pipa	[tukaŋ pipa]
sous-sol (m)	rubanah	[rubanah]
égouts (m pl)	riol	[riol]

96. L'incendie

feu (m)	kebakaran	[kebakaran]
flamme (f)	nyala api	[njala api]
étincelle (f)	percikan api	[pərtʃikan api]
fumée (f)	asap	[asap]
flambeau (m)	obor	[obor]
feu (m) de bois	api unggun	[api uŋgun]

essence (f)	bensin	[bensin]
kérosène (m)	minyak tanah	[minjaʔ tanah]
inflammable (adj)	mudah terbakar	[mudah tərbakar]
explosif (adj)	mudah meledak	[mudah meledaʔ]
DÉFENSE DE FUMER	DILARANG MEROKOK!	[dilaraŋ merokoʔ!]

sécurité (f)	keamanan	[keamanan]
danger (m)	bahaya	[bahaja]
dangereux (adj)	berbahaya	[bərbahaja]

prendre feu	menyala	[mənjala]
explosion (f)	ledakan	[ledakan]
mettre feu	membakar	[membakar]
incendiaire (m)	pelaku pembakaran	[pelaku pembakaran]
incendie (m) prémédité	pembakaran	[pembakaran]

flamboyer (vi)	berkobar	[bərkobar]
brûler (vi)	menyala	[mənjala]
brûler complètement	terbakar	[tərbakar]

| appeler les pompiers | memanggil pemadam kebakaran | [memaŋgil pemadam kebakaran] |

pompier (m)	pemadam kebakaran	[pemadam kebakaran]
voiture (f) de pompiers	branwir	[branwir]
sapeurs-pompiers (pl)	pemadam kebakaran	[pemadam kebakaran]
échelle (f) des pompiers	tangga branwir	[taŋga branwir]

tuyau (m) d'incendie	selang pemadam	[selaŋ pemadam]
extincteur (m)	pemadam api	[pemadam api]
casque (m)	helm	[helm]
sirène (f)	sirene	[sirene]

crier (vi)	berteriak	[bərteriaʔ]
appeler au secours	meminta pertolongan	[meminta pərtoloŋan]
secouriste (m)	penyelamat	[penjelamat]
sauver (vt)	menyelamatkan	[mənjelamatkan]

venir (vi)	datang	[dataŋ]
éteindre (feu)	memadamkan	[memadamkan]
eau (f)	air	[air]
sable (m)	pasir	[pasir]

ruines (f pl)	reruntuhan	[reruntuhan]
tomber en ruine	runtuh	[runtuh]
s'écrouler (vp)	roboh	[roboh]
s'effondrer (vp)	roboh	[roboh]

| morceau (m) (de mur, etc.) | serpihan | [serpihan] |
| cendre (f) | abu | [abu] |

| mourir étouffé | mati lemas | [mati lemas] |
| périr (vi) | mati, tewas | [mati], [tewas] |

LES ACTIVITÉS HUMAINS

Le travail. Les affaires. Partie 1

97. Les opérations bancaires

| banque (f) | bank | [banʔ] |
| agence (f) bancaire | cabang | [ʧabaŋ] |

| conseiller (m) | konsultan | [konsultan] |
| gérant (m) | manajer | [manaʤʲer] |

compte (m)	rekening	[rekeniŋ]
numéro (m) du compte	nomor rekening	[nomor rekeniŋ]
compte (m) courant	rekening koran	[rekeniŋ koran]
compte (m) sur livret	rekening simpanan	[rekeniŋ simpanan]

ouvrir un compte	membuka rekening	[membuka rekeniŋ]
clôturer le compte	menutup rekening	[mənutup rekeniŋ]
verser dans le compte	memasukkan ke rekening	[memasuʔkan ke rekeniŋ]
retirer du compte	menarik uang	[mənariʔ uaŋ]

dépôt (m)	deposito	[deposito]
faire un dépôt	melakukan setoran	[melakukan setoran]
virement (m) bancaire	transfer kawat	[transfer kawat]
faire un transfert	mentransfer	[məntransfer]

| somme (f) | jumlah | [ʤʲumlah] |
| Combien? | Berapa? | [bərapa?] |

| signature (f) | tanda tangan | [tanda taŋan] |
| signer (vt) | menandatangani | [mənandataŋani] |

| carte (f) de crédit | kartu kredit | [kartu kredit] |
| code (m) | kode | [kode] |

| numéro (m) de carte de crédit | nomor kartu kredit | [nomor kartu kredit] |
| distributeur (m) | Anjungan Tunai Mandiri, ATM | [anʤʲuŋan tunaj mandiri], [a-te-em] |

chèque (m)	cek	[ʧeʔ]
faire un chèque	menulis cek	[mənulis ʧeʔ]
chéquier (m)	buku cek	[buku ʧeʔ]

crédit (m)	kredit, pinjaman	[kredit], [pinʤʲaman]
demander un crédit	meminta kredit	[meminta kredit]
prendre un crédit	mendapatkan kredit	[məndapatkan kredit]
accorder un crédit	memberikan kredit	[memberikan kredit]
gage (m)	jaminan	[ʤʲaminan]

98. Le téléphone. La conversation téléphonique

téléphone (m)	telepon	[telepon]
portable (m)	ponsel	[ponsel]
répondeur (m)	mesin penjawab panggilan	[mesin pendʒ¡awab paŋgilan]
téléphoner, appeler	menelepon	[mənelepon]
appel (m)	panggilan telepon	[paŋgilan telepon]
composer le numéro	memutar nomor telepon	[memutar nomor telepon]
Allô!	Halo!	[halo!]
demander (~ l'heure)	bertanya	[bərtanja]
répondre (vi, vt)	menjawab	[məndʒ¡awab]
entendre (bruit, etc.)	mendengar	[məndeŋar]
bien (adv)	baik	[bajʔ]
mal (adv)	buruk, jelek	[buruk], [dʒ¡ele ʔ]
bruits (m pl)	bising, gangguan	[bisiŋ], [gaŋguan]
récepteur (m)	gagang	[gagaŋ]
décrocher (vt)	mengangkat telepon	[məŋaŋkat telepon]
raccrocher (vi)	menutup telepon	[mənutup telepon]
occupé (adj)	sibuk	[sibu ʔ]
sonner (vi)	berdering	[bərderiŋ]
carnet (m) de téléphone	buku telepon	[buku telepon]
local (adj)	lokal	[lokal]
appel (m) local	panggilan lokal	[paŋgilan lokal]
interurbain (adj)	interlokal	[interlokal]
appel (m) interurbain	panggilan interlokal	[paŋgilan interlokal]
international (adj)	internasional	[internasional]
appel (m) international	panggilan internasional	[paŋgilan internasional]

99. Le téléphone portable

portable (m)	ponsel	[ponsel]
écran (m)	layar	[lajar]
bouton (m)	kenop	[kenop]
carte SIM (f)	kartu SIM	[kartu sim]
pile (f)	baterai	[bateraj]
être déchargé	mati	[mati]
chargeur (m)	pengisi baterai, pengecas	[peɲisi bateraj], [peɲetʃas]
menu (m)	menu	[menu]
réglages (m pl)	penyetelan	[penjetelan]
mélodie (f)	nada panggil	[nada paŋgil]
sélectionner (vt)	memilih	[memilih]
calculatrice (f)	kalkulator	[kalkulator]
répondeur (m)	penjawab telepon	[pendʒ¡awab telepon]
réveil (m)	weker	[weker]

contacts (m pl)	buku telepon	[buku telepon]
SMS (m)	pesan singkat	[pesan siŋkat]
abonné (m)	pelanggan	[pelaŋgan]

100. La papeterie

| stylo (m) à bille | bolpen | [bolpen] |
| stylo (m) à plume | pena celup | [pena ʧelup] |

crayon (m)	pensil	[pensil]
marqueur (m)	spidol	[spidol]
feutre (m)	spidol	[spidol]

| bloc-notes (m) | buku catatan | [buku ʧatatan] |
| agenda (m) | agenda | [agenda] |

règle (f)	mistar, penggaris	[mistar], [peŋgaris]
calculatrice (f)	kalkulator	[kalkulator]
gomme (f)	karet penghapus	[karet peŋhapus]
punaise (f)	paku payung	[paku pajuŋ]
trombone (m)	penjepit kertas	[pendʒepit kertas]

colle (f)	lem	[lem]
agrafeuse (f)	stapler	[stapler]
perforateur (m)	alat pelubang kertas	[alat pelubaŋ kertas]
taille-crayon (m)	rautan pensil	[rautan pensil]

Le travail. Les affaires. Partie 2

101. Les médias de masse

journal (m)	koran	[koran]
revue (f)	majalah	[madʒalah]
presse (f)	pers	[pers]
radio (f)	radio	[radio]
station (f) de radio	stasiun radio	[stasiun radio]
télévision (f)	televisi	[televisi]
animateur (m)	pembawa acara	[pembawa atʃara]
présentateur (m) de journaux télévisés	penyiar	[penjiar]
commentateur (m)	komentator	[komentator]
journaliste (m)	wartawan	[wartawan]
correspondant (m)	koresponden	[koresponden]
reporter photographe (m)	fotografer pers	[fotografer pərs]
reporter (m)	reporter, pewarta	[reporter], [pewarta]
rédacteur (m)	editor, penyunting	[editor], [penyuntiŋ]
rédacteur (m) en chef	editor kepala	[editor kepala]
s'abonner (vp)	berlangganan …	[bərlaŋganan …]
abonnement (m)	langganan	[laŋanan]
abonné (m)	pelanggan	[pelaŋgan]
lire (vi, vt)	membaca	[membatʃa]
lecteur (m)	pembaca	[pembatʃa]
tirage (m)	oplah	[oplah]
mensuel (adj)	bulanan	[bulanan]
hebdomadaire (adj)	mingguan	[miŋguan]
numéro (m)	edisi	[edisi]
nouveau (~ numéro)	baru	[baru]
titre (m)	kepala berita	[kepala bərita]
entrefilet (m)	artikel singkat	[artikel siŋkat]
rubrique (f)	kolom	[kolom]
article (m)	artikel	[artikel]
page (f)	halaman	[halaman]
reportage (m)	reportase	[reportase]
événement (m)	peristiwa, kejadian	[pəristiwa], [kedʒadian]
sensation (f)	sensasi	[sensasi]
scandale (m)	skandal	[skandal]
scandaleux	penuh skandal	[penuh skandal]
grand (~ scandale)	besar	[besar]
émission (f)	program	[program]
interview (f)	wawancara	[wawantʃara]

émission (f) en direct	**siaran langsung**	[siaran laŋsuŋ]
chaîne (f) (~ payante)	**saluran**	[saluran]

102. L'agriculture

agriculture (f)	**pertanian**	[pərtanian]
paysan (m)	**petani**	[petani]
paysanne (f)	**petani**	[petani]
fermier (m)	**petani**	[petani]
tracteur (m)	**traktor**	[traktor]
moissonneuse-batteuse (f)	**mesin pemanen**	[mesin pemanen]
charrue (f)	**bajak**	[badʒia']
labourer (vt)	**membajak, menenggala**	[membadʒiak], [menengala]
champ (m) labouré	**tanah garapan**	[tanah garapan]
sillon (m)	**alur**	[alur]
semer (vt)	**menanam**	[mənanam]
semeuse (f)	**mesin penanam**	[mesin penanam]
semailles (f pl)	**penanaman**	[penanaman]
faux (f)	**sabit**	[sabit]
faucher (vt)	**menyabit**	[mənjabit]
pelle (f)	**sekop**	[sekop]
bêcher (vt)	**menggali**	[məŋgali]
couperet (m)	**cangkul**	[tʃaŋkul]
sarcler (vt)	**menyiangi**	[mənjiaŋi]
mauvaise herbe (f)	**gulma**	[gulma]
arrosoir (m)	**kaleng penyiram**	[kaleŋ penjiram]
arroser (plantes)	**menyiram**	[mənjiram]
arrosage (m)	**penyiraman**	[penjiraman]
fourche (f)	**garpu ramput**	[garpu ramput]
râteau (m)	**penggaruk**	[penggaru']
engrais (m)	**pupuk**	[pupu']
engraisser (vt)	**memupuk**	[memupu']
fumier (m)	**pupuk kandang**	[pupu' kandaŋ]
champ (m)	**ladang**	[ladaŋ]
pré (m)	**padang rumput**	[padaŋ rumput]
potager (m)	**kebun sayur**	[kebun sajur]
jardin (m)	**kebun buah**	[kebun buah]
faire paître	**menggembalakan**	[məŋgembalakan]
berger (m)	**penggembala**	[penggembala]
pâturage (m)	**padang penggembalaan**	[padaŋ penggembala'an]
élevage (m)	**peternakan**	[peternakan]
élevage (m) de moutons	**peternakan domba**	[peternakan domba]

plantation (f)	perkebunan	[pərkebunan]
plate-bande (f)	bedeng	[bedeŋ]
serre (f)	rumah kaca	[rumah katʃa]

| sécheresse (f) | musim kering | [musim keriŋ] |
| sec (l'été ~) | kering | [keriŋ] |

grains (m pl)	biji	[bidʒi]
céréales (f pl)	serealia	[serealia]
récolter (vt)	memanen	[memanen]

meunier (m)	penggiling	[peŋgiliŋ]
moulin (m)	kincir	[kintʃir]
moudre (vt)	menggiling	[məŋgiliŋ]
farine (f)	tepung	[tepuŋ]
paille (f)	jerami	[dʒʲerami]

103. Le BTP et la construction

chantier (m)	lokasi pembangunan	[lokasi pembaŋunan]
construire (vt)	membangun	[membaŋun]
ouvrier (m) du bâtiment	buruh bangunan	[buruh baŋunan]

projet (m)	proyek	[proeʔ]
architecte (m)	arsitek	[arsiteʔ]
ouvrier (m)	buruh, pekerja	[buruh], [pekerdʒʲa]

fondations (f pl)	fondasi	[fondasi]
toit (m)	atap	[atap]
pieu (m) de fondation	tiang fondasi	[tiaŋ fondasi]
mur (m)	dinding	[dindiŋ]

| ferraillage (m) | kerangka besi | [keraŋka besi] |
| échafaudage (m) | perancah | [pərantʃah] |

béton (m)	beton	[beton]
granit (m)	granit	[granit]
pierre (f)	batu	[batu]
brique (f)	bata, batu bata	[bata], [batu bata]

sable (m)	pasir	[pasir]
ciment (m)	semen	[semen]
plâtre (m)	lepa, plester	[lepa], [plester]
plâtrer (vt)	melepa	[melepa]
peinture (f)	cat	[tʃat]
peindre (des murs)	mengecat	[məŋetʃat]
tonneau (m)	tong	[toŋ]

grue (f)	derek	[dereʔ]
monter (vt)	menaikkan	[mənajʔkan]
abaisser (vt)	menurunkan	[mənurunkan]

| bulldozer (m) | buldoser | [buldozer] |
| excavateur (m) | ekskavator | [ekskavator] |

godet (m)	sudu pengeruk	[sudu peŋeruˀ]
creuser (vt)	menggali	[məŋgali]
casque (m)	topi baja	[topi badʒʲa]

Les professions. Les métiers

104. La recherche d'emploi. Le licenciement

travail (m)	kerja, pekerjaan	[kerdʒ'a], [pekerdʒ'a'an]
employés (pl)	staf, personalia	[staf], [pərsonalia]
personnel (m)	staf, personel	[staf], [pərsonel]
carrière (f)	karier	[karier]
perspective (f)	perspektif	[pərspektif]
maîtrise (f)	keterampilan	[keterampilan]
sélection (f)	pilihan	[pilihan]
agence (f) de recrutement	biro tenaga kerja	[biro tenaga kerdʒ'a]
C.V. (m)	resume	[resume]
entretien (m)	wawancara kerja	[wawantʃara kerdʒ'a]
emploi (m) vacant	lowongan	[lowoŋan]
salaire (m)	gaji, upah	[gadʒi], [upah]
salaire (m) fixe	gaji tetap	[gadʒi tetap]
rémunération (f)	bayaran	[bajaran]
poste (m) (~ évolutif)	jabatan	[dʒ'abatan]
fonction (f)	tugas	[tugas]
liste (f) des fonctions	bidang tugas	[bidaŋ tugas]
occupé (adj)	sibuk	[sibu']
licencier (vt)	memecat	[memetʃat]
licenciement (m)	pemecatan	[pemetʃatan]
chômage (m)	pengangguran	[peɲaŋguran]
chômeur (m)	pengganggur	[peŋgaŋgur]
retraite (f)	pensiun	[pensiun]
prendre sa retraite	pensiun	[pensiun]

105. Les hommes d'affaires

directeur (m)	direktur	[direktur]
gérant (m)	manajer	[manadʒ'er]
patron (m)	bos, atasan	[bos], [atasan]
supérieur (m)	atasan	[atasan]
supérieurs (m pl)	atasan	[atasan]
président (m)	presiden	[presiden]
président (m) (d'entreprise)	ketua, dirut	[ketua], [dirut]
adjoint (m)	wakil	[wakil]
assistant (m)	asisten	[asisten]

| secrétaire (m, f) | sekretaris | [sekretaris] |
| secrétaire (m, f) personnel | asisten pribadi | [asisten pribadi] |

homme (m) d'affaires	pengusaha, pebisnis	[peŋusaha], [pebisnis]
entrepreneur (m)	pengusaha	[peŋusaha]
fondateur (m)	pendiri	[pendiri]
fonder (vt)	mendirikan	[məndirikan]

fondateur (m)	pendiri	[pendiri]
partenaire (m)	mitra	[mitra]
actionnaire (m)	pemegang saham	[pemegaŋ saham]

millionnaire (m)	jutawan	[dʒˈutawan]
milliardaire (m)	miliarder	[miliarder]
propriétaire (m)	pemilik	[pemiliˀ]
propriétaire (m) foncier	tuan tanah	[tuan tanah]

client (m)	klien	[klien]
client (m) régulier	klien tetap	[klien tetap]
acheteur (m)	pembeli	[pembeli]
visiteur (m)	tamu	[tamu]

professionnel (m)	profesional	[profesional]
expert (m)	pakar, ahli	[pakar], [ahli]
spécialiste (m)	spesialis, ahli	[spesialis], [ahli]

| banquier (m) | bankir | [bankir] |
| courtier (m) | broker, pialang | [broker], [pialaŋ] |

caissier (m)	kasir	[kasir]
comptable (m)	akuntan	[akuntan]
agent (m) de sécurité	satpam, pengawal	[satpam], [peŋawal]

investisseur (m)	investor	[investor]
débiteur (m)	debitur	[debitur]
créancier (m)	kreditor	[kreditor]
emprunteur (m)	peminjam	[pemindʒˈam]

| importateur (m) | importir | [importir] |
| exportateur (m) | eksportir | [eksportir] |

producteur (m)	produsen	[produsen]
distributeur (m)	penyalur	[penjalur]
intermédiaire (m)	perantara	[pərantara]

conseiller (m)	konsultan	[konsultan]
représentant (m)	perwakilan penjualan	[pərwakilan pendʒˈualan]
agent (m)	agen	[agen]
agent (m) d'assurances	agen asuransi	[agen asuransi]

106. Les métiers des services

| cuisinier (m) | koki, juru masak | [koki], [dʒˈuru masaˀ] |
| cuisinier (m) en chef | koki kepala | [koki kepala] |

boulanger (m)	pembuat roti	[pembuat roti]
barman (m)	pelayan bar	[pelajan bar]
serveur (m)	pelayan lelaki	[pelajan lelaki]
serveuse (f)	pelayan perempuan	[pelajan perempuan]

avocat (m)	advokat, pengacara	[advokat], [penatʃara]
juriste (m)	ahli hukum	[ahli hukum]
notaire (m)	notaris	[notaris]

électricien (m)	tukang listrik	[tukaŋ listriʔ]
plombier (m)	tukang pipa	[tukaŋ pipa]
charpentier (m)	tukang kayu	[tukaŋ kaju]

masseur (m)	tukang pijat lelaki	[tukaŋ pidʒʲat lelaki]
masseuse (f)	tukang pijat perempuan	[tukaŋ pidʒʲat perempuan]
médecin (m)	dokter	[dokter]

chauffeur (m) de taxi	sopir taksi	[sopir taksi]
chauffeur (m)	sopir	[sopir]
livreur (m)	kurir	[kurir]

femme (f) de chambre	pelayan kamar	[pelajan kamar]
agent (m) de sécurité	satpam, pengawal	[satpam], [peŋawal]
hôtesse (f) de l'air	pramugari	[pramugari]

professeur (m)	guru	[guru]
bibliothécaire (m)	pustakawan	[pustakawan]
traducteur (m)	penerjemah	[penerdʒʲemah]
interprète (m)	juru bahasa	[dʒʲuru bahasa]
guide (m)	pemandu wisata	[pemandu wisata]

coiffeur (m)	tukang cukur	[tukaŋ tʃukur]
facteur (m)	tukang pos	[tukaŋ pos]
vendeur (m)	pramuniaga	[pramuniaga]

jardinier (m)	tukang kebun	[tukaŋ kebun]
serviteur (m)	pramuwisma	[pramuwisma]
servante (f)	pramuwisma	[pramuwisma]
femme (f) de ménage	pembersih ruangan	[pembersih ruaŋan]

107. Les professions militaires et leurs grades

soldat (m) (grade)	prajurit	[pradʒʲurit]
sergent (m)	sersan	[sersan]
lieutenant (m)	letnan	[letnan]
capitaine (m)	kapten	[kapten]

commandant (m)	mayor	[major]
colonel (m)	kolonel	[kolonel]
général (m)	jenderal	[dʒʲenderal]
maréchal (m)	marsekal	[marsekal]
amiral (m)	laksamana	[laksamana]
militaire (m)	anggota militer	[aŋota militer]
soldat (m)	tentara, serdadu	[tentara], [serdadu]

officier (m)	perwira	[pərwira]
commandant (m)	komandan	[komandan]

garde-frontière (m)	penjaga perbatasan	[pendʒʲaga pərbatasan]
opérateur (m) radio	operator radio	[operator radio]
éclaireur (m)	pengintai	[peɲintaj]
démineur (m)	pencari ranjau	[pentʃari randʒʲau]
tireur (m)	petembak	[petembaʔ]
navigateur (m)	navigator, penavigasi	[navigator], [penavigasi]

108. Les fonctionnaires. Les prêtres

roi (m)	raja	[radʒʲa]
reine (f)	ratu	[ratu]

prince (m)	pangeran	[paŋeran]
princesse (f)	putri	[putri]

tsar (m)	tsar, raja	[tsar], [radʒʲa]
tsarine (f)	tsarina, ratu	[tsarina], [ratu]

président (m)	presiden	[presiden]
ministre (m)	Menteri Sekretaris	[menteri sekretaris]
premier ministre (m)	perdana menteri	[pərdana menteri]
sénateur (m)	senator	[senator]

diplomate (m)	diplomat	[diplomat]
consul (m)	konsul	[konsul]
ambassadeur (m)	duta besar	[duta besar]
conseiller (m)	penasihat	[penasihat]

fonctionnaire (m)	petugas	[petugas]
préfet (m)	prefek	[prefeʔ]
maire (m)	walikota	[walikota]

juge (m)	hakim	[hakim]
procureur (m)	kejaksaan negeri	[kedʒʲaksaʔan negeri]

missionnaire (m)	misionaris	[misionaris]
moine (m)	biarawan, rahib	[biarawan], [rahib]
abbé (m)	abbas	[abbas]
rabbin (m)	rabbi	[rabbi]

vizir (m)	wazir	[wazir]
shah (m)	syah	[ʃah]
cheik (m)	syeikh	[ʃejh]

109. Les professions agricoles

apiculteur (m)	peternak lebah	[peternaʔ lebah]
berger (m)	penggembala	[peŋgembala]
agronome (m)	agronom	[agronom]

éleveur (m)	peternak	[peterna?]
vétérinaire (m)	dokter hewan	[dokter hewan]
fermier (m)	petani	[petani]
vinificateur (m)	pembuat anggur	[pembuat aŋgur]
zoologiste (m)	zoolog	[zoolog]
cow-boy (m)	koboi	[koboi]

110. Les professions artistiques

acteur (m)	aktor	[aktor]
actrice (f)	aktris	[aktris]
chanteur (m)	biduan	[biduan]
cantatrice (f)	biduanita	[biduanita]
danseur (m)	penari lelaki	[penari lelaki]
danseuse (f)	penari perempuan	[penari pərempuan]
artiste (m)	artis	[artis]
artiste (f)	artis	[artis]
musicien (m)	musisi, musikus	[musisi], [musikus]
pianiste (m)	pianis	[pianis]
guitariste (m)	pemain gitar	[pemajn gitar]
chef (m) d'orchestre	konduktor	[konduktor]
compositeur (m)	komposer, komponis	[komposer], [komponis]
imprésario (m)	impresario	[impresario]
metteur (m) en scène	sutradara	[sutradara]
producteur (m)	produser	[produser]
scénariste (m)	penulis skenario	[penulis skenario]
critique (m)	kritikus	[kritikus]
écrivain (m)	penulis	[penulis]
poète (m)	penyair	[penjajr]
sculpteur (m)	pematung	[pematuŋ]
peintre (m)	perupa	[pərupa]
jongleur (m)	juggler	[dʒʲuggler]
clown (m)	badut	[badut]
acrobate (m)	akrobat	[akrobat]
magicien (m)	pesulap	[pesulap]

111. Les différents métiers

médecin (m)	dokter	[dokter]
infirmière (f)	suster, juru rawat	[suster], [dʒʲuru rawat]
psychiatre (m)	psikiater	[psikiater]
stomatologue (m)	dokter gigi	[dokter gigi]
chirurgien (m)	dokter bedah	[dokter bedah]

astronaute (m)	**astronaut**	[astronaut]
astronome (m)	**astronom**	[astronom]
pilote (m)	**pilot**	[pilot]
chauffeur (m)	**sopir**	[sopir]
conducteur (m) de train	**masinis**	[masinis]
mécanicien (m)	**mekanik**	[mekaniʔ]
mineur (m)	**penambang**	[penambaŋ]
ouvrier (m)	**buruh, pekerja**	[buruh], [pekerdʒʲa]
serrurier (m)	**tukang kikir**	[tukaŋ kikir]
menuisier (m)	**tukang kayu**	[tukaŋ kaju]
tourneur (m)	**tukang bubut**	[tukaŋ bubut]
ouvrier (m) du bâtiment	**buruh bangunan**	[buruh baŋunan]
soudeur (m)	**tukang las**	[tukaŋ las]
professeur (m) (titre)	**profesor**	[profesor]
architecte (m)	**arsitek**	[arsiteʔ]
historien (m)	**sejarawan**	[sedʒʲarawan]
savant (m)	**ilmuwan**	[ilmuwan]
physicien (m)	**fisikawan**	[fisikawan]
chimiste (m)	**kimiawan**	[kimiawan]
archéologue (m)	**arkeolog**	[arkeolog]
géologue (m)	**geolog**	[geolog]
chercheur (m)	**periset, peneliti**	[pəriset], [peneliti]
baby-sitter (m, f)	**pengasuh anak**	[peŋasuh anaʔ]
pédagogue (m, f)	**guru, pendidik**	[guru], [pendidiʔ]
rédacteur (m)	**editor, penyunting**	[editor], [penyuntiŋ]
rédacteur (m) en chef	**editor kepala**	[editor kepala]
correspondant (m)	**koresponden**	[koresponden]
dactylographe (f)	**juru ketik**	[dʒʲuru ketiʔ]
designer (m)	**desainer, perancang**	[desajner], [pərantʃaŋ]
informaticien (m)	**ahli komputer**	[ahli komputer]
programmeur (m)	**pemrogram**	[pemrogram]
ingénieur (m)	**insinyur**	[insinyur]
marin (m)	**pelaut**	[pelaut]
matelot (m)	**kelasi**	[kelasi]
secouriste (m)	**penyelamat**	[penjelamat]
pompier (m)	**pemadam kebakaran**	[pemadam kebakaran]
policier (m)	**polisi**	[polisi]
veilleur (m) de nuit	**penjaga**	[pendʒʲaga]
détective (m)	**detektif**	[detektif]
douanier (m)	**petugas pabean**	[petugas pabean]
garde (m) du corps	**pengawal pribadi**	[peŋawal pribadi]
gardien (m) de prison	**sipir, penjaga penjara**	[sipir], [pendʒʲaga pendʒʲara]
inspecteur (m)	**inspektur**	[inspektur]
sportif (m)	**olahragawan**	[olahragawan]
entraîneur (m)	**pelatih**	[pelatih]

boucher (m)	**tukang daging**	[tukaŋ dagiŋ]
cordonnier (m)	**tukang sepatu**	[tukaŋ sepatu]
commerçant (m)	**pedagang**	[pedagaŋ]
chargeur (m)	**kuli**	[kuli]
couturier (m)	**perancang busana**	[pərantʃaŋ busana]
modèle (f)	**peragawati**	[pəragawati]

112. Les occupations. Le statut social

écolier (m)	**siswa**	[siswa]
étudiant (m)	**mahasiswa**	[mahasiswa]
philosophe (m)	**filsuf**	[filsuf]
économiste (m)	**ahli ekonomi**	[ahli ekonomi]
inventeur (m)	**penemu**	[penemu]
chômeur (m)	**pengangur**	[peŋgaŋgur]
retraité (m)	**pensiunan**	[pensiunan]
espion (m)	**mata-mata**	[mata-mata]
prisonnier (m)	**tahanan**	[tahanan]
gréviste (m)	**pemogok**	[pemogoʔ]
bureaucrate (m)	**birokrat**	[birokrat]
voyageur (m)	**pelancong**	[pelantʃoŋ]
homosexuel (m)	**homo, homoseksual**	[homo], [homoseksual]
hacker (m)	**peretas**	[pəretas]
hippie (m, f)	**hipi**	[hipi]
bandit (m)	**bandit**	[bandit]
tueur (m) à gages	**pembunuh bayaran**	[pembunuh bajaran]
drogué (m)	**pecandu narkoba**	[petʃandu narkoba]
trafiquant (m) de drogue	**pengedar narkoba**	[peŋedar narkoba]
prostituée (f)	**pelacur**	[pelatʃur]
souteneur (m)	**germo**	[germo]
sorcier (m)	**penyihir lelaki**	[penjihir lelaki]
sorcière (f)	**penyihir perempuan**	[penjihir pərempuan]
pirate (m)	**bajak laut**	[badʒaʔ laut]
esclave (m)	**budak**	[budaʔ]
samouraï (m)	**samurai**	[samuraj]
sauvage (m)	**orang primitif**	[oraŋ primitif]

Le sport

113. Les types de sports. Les sportifs

sportif (m)	olahragawan	[olahragawan]
type (m) de sport	jenis olahraga	[dʒenis olahraga]
basket-ball (m)	bola basket	[bola basket]
basketteur (m)	pemain bola basket	[pemajn bola basket]
base-ball (m)	bisbol	[bisbol]
joueur (m) de base-ball	pemain bisbol	[pemajn bisbol]
football (m)	sepak bola	[sepa' bola]
joueur (m) de football	pemain sepak bola	[pemajn sepa' bola]
gardien (m) de but	kiper, penjaga gawang	[kiper], [pendʒaga gawaŋ]
hockey (m)	hoki	[hoki]
hockeyeur (m)	pemain hoki	[pemajn hoki]
volley-ball (m)	bola voli	[bola voli]
joueur (m) de volley-ball	pemain bola voli	[pemajn bola voli]
boxe (f)	tinju	[tindʒu]
boxeur (m)	petinju	[petindʒu]
lutte (f)	gulat	[gulat]
lutteur (m)	pegulat	[pegulat]
karaté (m)	karate	[karate]
karatéka (m)	karateka	[karateka]
judo (m)	judo	[dʒudo]
judoka (m)	pejudo	[pedʒudo]
tennis (m)	tenis	[tenis]
joueur (m) de tennis	petenis	[petenis]
natation (f)	berenang	[bərenaŋ]
nageur (m)	perenang	[pərenaŋ]
escrime (f)	anggar	[aŋgar]
escrimeur (m)	pemain anggar	[pemajn aŋgar]
échecs (m pl)	catur	[tʃatur]
joueur (m) d'échecs	pecatur	[petʃatur]
alpinisme (m)	mendaki gunung	[məndaki gunuŋ]
alpiniste (m)	pendaki gunung	[pendaki gunuŋ]
course (f)	lari	[lari]

coureur (m)	pelari	[pelari]
athlétisme (m)	atletik	[atletiʔ]
athlète (m)	atlet	[atlet]

| équitation (f) | menunggang kuda | [mənuŋgaŋ kuda] |
| cavalier (m) | penunggang kuda | [penuŋgaŋ kuda] |

patinage (m) artistique	seluncur indah	[seluntʃur indah]
patineur (m)	peseluncur indah	[peseluntʃur indah]
patineuse (f)	peseluncur indah	[peseluntʃur indah]

| haltérophilie (f) | angkat berat | [aŋkat bərat] |
| haltérophile (m) | atlet angkat berat | [atlet aŋkat bərat] |

| course (f) automobile | balapan mobil | [balapan mobil] |
| pilote (m) | pembalap mobil | [pembalap mobil] |

| cyclisme (m) | bersepeda | [bərsepeda] |
| cycliste (m) | atlet sepeda | [atlet sepeda] |

sauts (m pl) en longueur	lompat jauh	[lompat dʒʲauh]
sauts (m pl) à la perche	lompat galah	[lompat galah]
sauteur (m)	atlet lompat, pelompat	[atlet lompat], [pelompat]

114. Les types de sports. Divers

football (m) américain	futbol	[futbol]
badminton (m)	badminton, bulu tangkis	[badminton], [bulu taŋkis]
biathlon (m)	biathlon	[biatlon]
billard (m)	biliar	[biliar]

bobsleigh (m)	bobsled	[bobsled]
bodybuilding (m)	binaraga	[binaraga]
water-polo (m)	polo air	[polo air]
handball (m)	bola tangan	[bola taŋan]
golf (m)	golf	[golf]

aviron (m)	mendayung	[məndajuŋ]
plongée (f)	selam skuba	[selam skuba]
course (f) à skis	ski lintas alam	[ski lintas alam]
tennis (m) de table	tenis meja	[tenis medʒʲa]

voile (f)	berlayar	[bərlajar]
rallye (m)	balap reli	[balap reli]
rugby (m)	rugbi	[rugbi]
snowboard (m)	seluncur salju	[seluntʃur saldʒʲu]
tir (m) à l'arc	memanah	[memanah]

115. La salle de sport

| barre (f) à disques | barbel | [barbel] |
| haltères (m pl) | dumbel | [dumbel] |

appareil (m) d'entraînement	alat senam	[alat senam]
vélo (m) d'exercice	sepeda statis	[sepeda statis]
tapis (m) roulant	treadmill	[tredmil]
barre (f) fixe	rekstok	[reksto']
barres (pl) parallèles	palang sejajar	[palaŋ sedʒʲadʒʲar]
cheval (m) d'Arçons	kuda-kuda	[kuda-kuda]
tapis (m) gymnastique	matras	[matras]
corde (f) à sauter	lompat tali	[lompat tali]
aérobic (m)	aerobik	[aerobi']
yoga (m)	yoga	[yoga]

116. Le sport. Divers

Jeux (m pl) olympiques	Olimpiade	[olimpiade]
gagnant (m)	pemenang	[pemenaŋ]
remporter (vt)	unggul	[uŋgul]
gagner (vi)	menang	[menaŋ]
leader (m)	pemimpin	[pemimpin]
prendre la tête	memimpin	[memimpin]
première place (f)	tempat pertama	[tempat pərtama]
deuxième place (f)	tempat kedua	[tempat kedua]
troisième place (f)	tempat ketiga	[tempat ketiga]
médaille (f)	medali	[medali]
trophée (m)	trofi	[trofi]
coupe (f) (trophée)	piala	[piala]
prix (m)	hadiah	[hadiah]
prix (m) principal	hadiah utama	[hadiah utama]
record (m)	rekor	[rekor]
établir un record	menciptakan rekor	[mentʃiptakan rekor]
finale (f)	final	[final]
final (adj)	final	[final]
champion (m)	juara	[dʒʲuara]
championnat (m)	kejuaraan	[kedʒʲuara'an]
stade (m)	stadion	[stadion]
tribune (f)	tribun	[tribun]
supporteur (m)	pendukung	[pendukuŋ]
adversaire (m)	lawan	[lawan]
départ (m)	start	[start]
ligne (f) d'arrivée	finis	[finis]
défaite (f)	kekalahan	[kekalahan]
perdre (vi)	kalah	[kalah]
arbitre (m)	wasit	[wasit]
jury (m)	juri	[dʒʲuri]

score (m)	skor	[skor]
match (m) nul	seri, hasil imbang	[seri], [hasil imbaŋ]
faire match nul	bermain seri	[bərmajn seri]
point (m)	poin	[poin]
résultat (m)	skor, hasil akhir	[skor], [hasil ahir]
période (f)	babak	[babaʔ]
mi-temps (f) (pause)	waktu istirahat	[waktu istirahat]
dopage (m)	doping	[dopiŋ]
pénaliser (vt)	menghukum	[məŋhukum]
disqualifier (vt)	mendiskualifikasi	[məndiskualifikasi]
agrès (m)	alat olahraga	[alat olahraga]
lance (f)	lembing	[lembiŋ]
poids (m) (boule de métal)	peluru	[peluru]
bille (f) (de billard, etc.)	bola	[bola]
but (cible)	sasaran	[sasaran]
cible (~ en papier)	sasaran	[sasaran]
tirer (vi)	menembak	[mənembaʔ]
précis (un tir ~)	akurat	[akurat]
entraîneur (m)	pelatih	[pelatih]
entraîner (vt)	melatih	[melatih]
s'entraîner (vp)	berlatih	[bərlatih]
entraînement (m)	latihan	[latihan]
salle (f) de gym	gimnasium	[gimnasium]
exercice (m)	latihan	[latihan]
échauffement (m)	pemanasan	[pemanasan]

L'éducation

117. L'éducation

école (f)	sekolah	[sekolah]
directeur (m) d'école	kepala sekolah	[kepala sekolah]
élève (m)	murid laki-laki	[murid laki-laki]
élève (f)	murid perempuan	[murid pərempuan]
écolier (m)	siswa	[siswa]
écolière (f)	siswi	[siswi]
enseigner (vt)	mengajar	[məŋadʒ'ar]
apprendre (~ l'arabe)	belajar	[beladʒ'ar]
apprendre par cœur	menghafalkan	[məŋhafalkan]
apprendre (à faire qch)	belajar	[beladʒ'ar]
être étudiant, -e	bersekolah	[bərsekolah]
aller à l'école	ke sekolah	[ke sekolah]
alphabet (m)	alfabet, abjad	[alfabet], [abdʒ'ad]
matière (f)	subjek, mata pelajaran	[subdʒ'ek], [mata peladʒ'aran]
salle (f) de classe	ruang kelas	[ruaŋ kelas]
leçon (f)	pelajaran	[peladʒ'aran]
récréation (f)	waktu istirahat	[waktu istirahat]
sonnerie (f)	lonceng	[lontʃen]
pupitre (m)	bangku sekolah	[baŋku sekolah]
tableau (m) noir	papan tulis hitam	[papan tulis hitam]
note (f)	nilai	[nilaj]
bonne note (f)	nilai baik	[nilaj baj']
mauvaise note (f)	nilai jelek	[nilaj dʒ'ele']
donner une note	memberikan nilai	[memberikan nilaj]
faute (f)	kesalahan	[kesalahan]
faire des fautes	melakukan kesalahan	[melakukan kesalahan]
corriger (une erreur)	mengoreksi	[məŋoreksi]
antisèche (f)	contekan	[tʃontekan]
devoir (m)	pekerjaan rumah	[pekerdʒ'a'an rumah]
exercice (m)	latihan	[latihan]
être présent	hadir	[hadir]
être absent	absen, tidak hadir	[absen], [tida' hadir]
manquer l'école	absen dari sekolah	[absen dari sekolah]
punir (vt)	menghukum	[məŋhukum]
punition (f)	hukuman	[hukuman]
conduite (f)	perilaku	[pərilaku]

carnet (m) de notes	rapor	[rapor]
crayon (m)	pensil	[pensil]
gomme (f)	karet penghapus	[karet peŋhapus]
craie (f)	kapur	[kapur]
plumier (m)	kotak pensil	[kota' pensil]

cartable (m)	tas sekolah	[tas sekolah]
stylo (m)	pen	[pen]
cahier (m)	buku tulis	[buku tulis]
manuel (m)	buku pelajaran	[buku peladʒ'aran]
compas (m)	paser, jangka	[paser], [dʒ'aŋka]

| dessiner (~ un plan) | menggambar | [məŋgambar] |
| dessin (m) technique | gambar teknik | [gambar tekni'] |

poésie (f)	puisi, sajak	[puisi], [sadʒ'a']
par cœur (adv)	hafal	[hafal]
apprendre par cœur	menghafalkan	[məŋhafalkan]

vacances (f pl)	liburan sekolah	[liburan sekolah]
être en vacances	berlibur	[bərlibur]
passer les vacances	menjalani liburan	[məndʒ'alani liburan]

interrogation (f) écrite	tes, kuis	[tes], [kuis]
composition (f)	esai, karangan	[esaj], [karaŋan]
dictée (f)	dikte	[dikte]
examen (m)	ujian	[udʒian]
passer les examens	menempuh ujian	[mənempuh udʒian]
expérience (f) (~ de chimie)	eksperimen	[eksperimen]

118. L'enseignement supérieur

académie (f)	akademi	[akademi]
université (f)	universitas	[universitas]
faculté (f)	fakultas	[fakultas]

étudiant (m)	mahasiswa	[mahasiswa]
étudiante (f)	mahasiswi	[mahasiswi]
enseignant (m)	dosen	[dosen]

| salle (f) | ruang kuliah | [ruaŋ kuliah] |
| licencié (m) | lulusan | [lulusan] |

| diplôme (m) | ijazah | [idʒ'azah] |
| thèse (f) | disertasi | [disertasi] |

| étude (f) | penelitian | [penelitian] |
| laboratoire (m) | laboratorium | [laboratorium] |

| cours (m) | kuliah | [kuliah] |
| camarade (m) de cours | rekan sekuliah | [rekan sekuliah] |

| bourse (f) | beasiswa | [beasiswa] |
| grade (m) universitaire | gelar akademik | [gelar akademi'] |

119. Les disciplines scientifiques

mathématiques (f pl)	matematika	[matematika]
algèbre (f)	aljabar	[aldʒ'abar]
géométrie (f)	geometri	[geometri]
astronomie (f)	astronomi	[astronomi]
biologie (f)	biologi	[biologi]
géographie (f)	geografi	[geografi]
géologie (f)	geologi	[geologi]
histoire (f)	sejarah	[sedʒ'arah]
médecine (f)	kedokteran	[kedokteran]
pédagogie (f)	pedagogi	[pedagogi]
droit (m)	hukum	[hukum]
physique (f)	fisika	[fisika]
chimie (f)	kimia	[kimia]
philosophie (f)	filsafat	[filsafat]
psychologie (f)	psikologi	[psikologi]

120. Le système d'écriture et l'orthographe

grammaire (f)	tatabahasa	[tatabahasa]
vocabulaire (m)	kosakata	[kosakata]
phonétique (f)	fonetik	[foneti']
nom (m)	nomina	[nomina]
adjectif (m)	adjektiva	[adʒ'ektiva]
verbe (m)	verba	[verba]
adverbe (m)	adverbia	[adverbia]
pronom (m)	kata ganti	[kata ganti]
interjection (f)	kata seru	[kata seru]
préposition (f)	preposisi, kata depan	[preposisi], [kata depan]
racine (f)	kata dasar	[kata dasar]
terminaison (f)	akhiran	[ahiran]
préfixe (m)	prefiks, awalan	[prefiks], [awalan]
syllabe (f)	suku kata	[suku kata]
suffixe (m)	sufiks, akhiran	[sufiks], [ahiran]
accent (m) tonique	tanda tekanan	[tanda tekanan]
apostrophe (f)	apostrofi	[apostrofi]
point (m)	titik	[titi']
virgule (f)	koma	[koma]
point (m) virgule	titik koma	[titi' koma]
deux-points (m)	titik dua	[titi' dua]
points (m pl) de suspension	elipsis, lesapan	[elipsis], [lesapan]
point (m) d'interrogation	tanda tanya	[tanda tanja]
point (m) d'exclamation	tanda seru	[tanda seru]

guillemets (m pl)	tanda petik	[tanda petiʔ]
entre guillemets	dalam tanda petik	[dalam tanda petiʔ]
parenthèses (f pl)	tanda kurung	[tanda kuruŋ]
entre parenthèses	dalam tanda kurung	[dalam tanda kuruŋ]
trait (m) d'union	tanda pisah	[tanda pisah]
tiret (m)	tanda hubung	[tanda hubuŋ]
blanc (m)	spasi	[spasi]
lettre (f)	huruf	[huruf]
majuscule (f)	huruf kapital	[huruf kapital]
voyelle (f)	vokal	[vokal]
consonne (f)	konsonan	[konsonan]
proposition (f)	kalimat	[kalimat]
sujet (m)	subjek	[subdʒie ʔ]
prédicat (m)	predikat	[predikat]
ligne (f)	baris	[baris]
à la ligne	di baris baru	[di baris baru]
paragraphe (m)	alinea, paragraf	[alinea], [paragraf]
mot (m)	kata	[kata]
groupe (m) de mots	rangkaian kata	[raŋkajan kata]
expression (f)	ungkapan	[uŋkapan]
synonyme (m)	sinonim	[sinonim]
antonyme (m)	antonim	[antonim]
règle (f)	peraturan	[pəraturan]
exception (f)	perkecualian	[pərketʃualian]
correct (adj)	benar, betul	[benar], [betul]
conjugaison (f)	konjugasi	[kondʒiugasi]
déclinaison (f)	deklinasi	[deklinasi]
cas (m)	kasus nominal	[kasus nominal]
question (f)	pertanyaan	[pərtanjaʔan]
souligner (vt)	menggaris bawahi	[məŋgaris bawahi]
pointillé (m)	garis bertitik	[garis bərtitiʔ]

121. Les langues étrangères

langue (f)	bahasa	[bahasa]
étranger (adj)	asing	[asiŋ]
langue (f) étrangère	bahasa asing	[bahasa asiŋ]
étudier (vt)	mempelajari	[mempeladʒiari]
apprendre (~ l'arabe)	belajar	[beladʒiar]
lire (vi, vt)	membaca	[membatʃa]
parler (vi, vt)	berbicara	[bərbitʃara]
comprendre (vt)	mengerti	[məŋerti]
écrire (vt)	menulis	[mənulis]
vite (adv)	cepat, fasih	[tʃepat], [fasih]
lentement (adv)	perlahan-lahan	[pərlahan-lahan]

couramment (adv)	fasih	[fasih]
règles (f pl)	peraturan	[pəraturan]
grammaire (f)	tatabahasa	[tatabahasa]
vocabulaire (m)	kosakata	[kosakata]
phonétique (f)	fonetik	[foneti⁷]

manuel (m)	buku pelajaran	[buku pelaʤʲaran]
dictionnaire (m)	kamus	[kamus]
manuel (m) autodidacte	buku autodidak	[buku autodida⁷]
guide (m) de conversation	panduan percakapan	[panduan pərʧakapan]

cassette (f)	kaset	[kaset]
cassette (f) vidéo	kaset video	[kaset video]
CD (m)	cakram kompak	[ʧakram kompa⁷]
DVD (m)	cakram DVD	[ʧakram di-vi-di]

alphabet (m)	alfabet, abjad	[alfabet], [abʤʲad]
épeler (vt)	mengeja	[məŋeʤʲa]
prononciation (f)	pelafalan	[pelafalan]

accent (m)	aksen	[aksen]
avec un accent	dengan aksen	[deŋan aksen]
sans accent	tanpa aksen	[tanpa aksen]

| mot (m) | kata | [kata] |
| sens (m) | arti | [arti] |

cours (m pl)	kursus	[kursus]
s'inscrire (vp)	Mendaftar	[məndaftar]
professeur (m) (~ d'anglais)	guru	[guru]

traduction (f) (action)	penerjemahan	[penerʤʲemahan]
traduction (f) (texte)	terjemahan	[tərʤʲemahan]
traducteur (m)	penerjemah	[penerʤʲemah]
interprète (m)	juru bahasa	[ʤʲuru bahasa]

| polyglotte (m) | poliglot | [poliglot] |
| mémoire (f) | memori, daya ingat | [memori], [daja iŋat] |

122. Les personnages de contes de fées

Père Noël (m)	Sinterklas	[sinterklas]
Cendrillon (f)	Cinderella	[ʧinderella]
sirène (f)	putri duyung	[putri duyuŋ]
Neptune (m)	Neptunus	[neptunus]

magicien (m)	penyihir	[penjihir]
fée (f)	peri	[peri]
magique (adj)	sihir	[sihir]
baguette (f) magique	tongkat sihir	[toŋkat sihir]

conte (m) de fées	dongeng	[doŋeŋ]
miracle (m)	keajaiban	[keaʤʲajban]
gnome (m)	kerdil, katai	[kerdil], [kataj]

se transformer en ...	menjelma menjadi ...	[məndʒˈelma məndʒˈadi ...]
esprit (m) (revenant)	hantu	[hantu]
fantôme (m)	fantom	[fantom]
monstre (m)	monster	[monster]
dragon (m)	naga	[naga]
géant (m)	raksasa	[raksasa]

123. Les signes du zodiaque

Bélier (m)	Aries	[aries]
Taureau (m)	Taurus	[taurus]
Gémeaux (m pl)	Gemini	[dʒˈemini]
Cancer (m)	Cancer	[kanser]
Lion (m)	Leo	[leo]
Vierge (f)	Virgo	[virgo]

Balance (f)	Libra	[libra]
Scorpion (m)	Scorpio	[skorpio]
Sagittaire (m)	Sagitarius	[sagitarius]
Capricorne (m)	Capricorn	[keprikon]
Verseau (m)	Aquarius	[akuarius]
Poissons (m pl)	Pisces	[pistʃes]

caractère (m)	karakter	[karakter]
traits (m pl) du caractère	ciri karakter	[tʃiri karakter]
conduite (f)	tingkah laku	[tiŋkah laku]
dire la bonne aventure	meramal	[meramal]
diseuse (f) de bonne aventure	peramal	[pəramal]
horoscope (m)	horoskop	[horoskop]

L'art

124. Le théâtre

théâtre (m)	teater	[teater]
opéra (m)	opera	[opera]
opérette (f)	opereta	[opereta]
ballet (m)	balet	[balet]
affiche (f)	poster	[poster]
troupe (f) de théâtre	rombongan teater	[romboŋan teater]
tournée (f)	tur, pertunjukan keliling	[tur], [pərtundʒ¡ukan keliliŋ]
être en tournée	mengadakan tur	[məŋadakan tur]
répéter (vt)	berlatih	[bərlatih]
répétition (f)	geladi	[geladi]
répertoire (m)	repertoar	[repertoar]
représentation (f)	pertunjukan	[pərtundʒ¡ukan]
spectacle (m)	pergelaran	[pərgelaran]
pièce (f) de théâtre	lakon	[lakon]
billet (m)	tiket	[tiket]
billetterie (f pl)	loket tiket	[loket tiket]
hall (m)	lobi, ruang depan	[lobi], [ruaŋ depan]
vestiaire (m)	tempat penitipan jas	[tempat penitipan dʒ¡as]
jeton (m) de vestiaire	nomor penitipan jas	[nomor penitipan dʒ¡as]
jumelles (f pl)	binokular	[binokular]
placeur (m)	petugas penyobek tiket	[petugas penjobeʔ tiket]
parterre (m)	kursi orkestra	[kursi orkestra]
balcon (m)	balkon	[balkon]
premier (m) balcon	tingkat pertama	[tiŋkat pərtama]
loge (f)	boks	[boks]
rang (m)	barisan	[barisan]
place (f)	tempat duduk	[tempat duduʔ]
public (m)	khalayak	[halajaʔ]
spectateur (m)	penonton	[penonton]
applaudir (vi)	bertepuk tangan	[bərtepuʔ taŋan]
applaudissements (m pl)	aplaus, tepuk tangan	[aplaus], [tepuʔ taŋan]
ovation (f)	ovasi, tepuk tangan	[ovasi], [tepuʔ taŋan]
scène (f) (monter sur ~)	panggung	[paŋguŋ]
rideau (m)	tirai	[tiraj]
décor (m)	tata panggung	[tata paŋguŋ]
coulisses (f pl)	belakang panggung	[belakaŋ paŋguŋ]
scène (f) (la dernière ~)	adegan	[adegan]
acte (m)	babak	[babaʔ]
entracte (m)	waktu istirahat	[waktu istirahat]

125. Le cinéma

acteur (m)	aktor	[aktor]
actrice (f)	aktris	[aktris]
cinéma (m) (industrie)	sinematografi, perfilman	[sinematografi], [pərfilman]
film (m)	film	[film]
épisode (m)	episode, seri	[episode], [seri]
film (m) policier	detektif	[detektif]
film (m) d'action	film laga	[film laga]
film (m) d'aventures	film petualangan	[film petualaŋan]
film (m) de science-fiction	film fiksi ilmiah	[film fiksi ilmiah]
film (m) d'horreur	film horor	[film horor]
comédie (f)	film komedi	[film komedi]
mélodrame (m)	melodrama	[melodrama]
drame (m)	drama	[drama]
film (m) de fiction	film fiksi	[film fiksi]
documentaire (m)	film dokumenter	[film dokumenter]
dessin (m) animé	kartun	[kartun]
cinéma (m) muet	film bisu	[film bisu]
rôle (m)	peran	[peran]
rôle (m) principal	peran utama	[peran utama]
jouer (vt)	berperan	[bərperan]
vedette (f)	bintang film	[bintaŋ film]
connu (adj)	terkenal	[tərkenal]
célèbre (adj)	terkenal	[tərkenal]
populaire (adj)	populer, terkenal	[populer], [tərkenal]
scénario (m)	skenario	[skenario]
scénariste (m)	penulis skenario	[penulis skenario]
metteur (m) en scène	sutradara	[sutradara]
producteur (m)	produser	[produser]
assistant (m)	asisten	[asisten]
opérateur (m)	kamerawan	[kamerawan]
cascadeur (m)	pemeran pengganti	[pemeran peŋganti]
doublure (f)	pengganti	[peŋganti]
tourner un film	merekam film	[merekam film]
audition (f)	audisi	[audisi]
tournage (m)	syuting, pengambilan gambar	[ʃyutiŋ], [peɲambilan gambar]
équipe (f) de tournage	rombongan film	[romboŋan film]
plateau (m) de tournage	set film	[set film]
caméra (f)	kamera	[kamera]
cinéma (m)	bioskop	[bioskop]
écran (m)	layar	[lajar]
donner un film	menayangkan film	[mənajaŋkan film]
piste (f) sonore	soundtrack, trek suara	[saundtrek], [tre' suara]
effets (m pl) spéciaux	efek khusus	[efe' husus]

sous-titres (m pl) | subjudul, teks film | [subdʒ¡udul], [teks film]
générique (m) | ucapan terima kasih | [utʃapan tərima kasih]
traduction (f) | terjemahan | [tərdʒ¡emahan]

126. La peinture

art (m)	seni	[seni]
beaux-arts (m pl)	seni rupa	[seni rupa]
galerie (f) d'art	galeri seni	[galeri seni]
exposition (f) d'art	pameran seni	[pameran seni]
peinture (f)	seni lukis	[seni lukis]
graphique (f)	seni grafis	[seni grafis]
art (m) abstrait	seni abstrak	[seni abstra']
impressionnisme (m)	impresionisme	[impresionisme]
tableau (m)	lukisan	[lukisan]
dessin (m)	gambar	[gambar]
poster (m)	poster	[poster]
illustration (f)	ilustrasi	[ilustrasi]
miniature (f)	miniatur	[miniatur]
copie (f)	salinan	[salinan]
reproduction (f)	reproduksi	[reproduksi]
mosaïque (f)	mozaik	[mozaj']
vitrail (m)	kaca berwarna	[katʃa bərwarna]
fresque (f)	fresko	[fresko]
gravure (f)	gravir	[gravir]
buste (m)	patung sedada	[patuŋ sedada]
sculpture (f)	seni patung	[seni patuŋ]
statue (f)	patung	[patuŋ]
plâtre (m)	gips	[gips]
en plâtre	dari gips	[dari gips]
portrait (m)	potret	[potret]
autoportrait (m)	potret diri	[potret diri]
paysage (m)	lukisan lanskap	[lukisan lanskap]
nature (f) morte	alam benda	[alam benda]
caricature (f)	karikatur	[karikatur]
croquis (m)	sketsa	[sketsa]
peinture (f)	cat	[tʃat]
aquarelle (f)	cat air	[tʃat air]
huile (f)	cat minyak	[tʃat minja']
crayon (m)	pensil	[pensil]
encre (f) de Chine	tinta gambar	[tinta gambar]
fusain (m)	arang	[araŋ]
dessiner (vi, vt)	menggambar	[məŋgambar]
peindre (vi, vt)	melukis	[melukis]
poser (vi)	berpose	[bərpose]
modèle (m)	model lelaki	[model lelaki]

modèle (f)	**model perempuan**	[model perempuan]
peintre (m)	**perupa**	[pərupa]
œuvre (f) d'art	**karya seni**	[karja seni]
chef (m) d'œuvre	**adikarya, mahakarya**	[adikarja], [mahakarja]
atelier (m) d'artiste	**studio seni**	[studio seni]
toile (f)	**kanvas**	[kanvas]
chevalet (m)	**esel, kuda-kuda**	[esel], [kuda-kuda]
palette (f)	**palet**	[palet]
encadrement (m)	**bingkai**	[biŋkaj]
restauration (f)	**pemugaran**	[pemugaran]
restaurer (vt)	**memugar**	[memugar]

127. La littérature et la poésie

littérature (f)	**sastra, kesusastraan**	[sastra], [kesusastra'an]
auteur (m) (écrivain)	**pengarang**	[peŋaraŋ]
pseudonyme (m)	**pseudonim, nama samaran**	[pseudonim], [nama samaran]
livre (m)	**buku**	[buku]
volume (m)	**jilid**	[dʒilid]
table (f) des matières	**daftar isi**	[daftar isi]
page (f)	**halaman**	[halaman]
protagoniste (m)	**karakter utama**	[karakter utama]
autographe (m)	**tanda tangan**	[tanda taŋan]
récit (m)	**cerpen**	[tʃerpen]
nouvelle (f)	**novel, cerita**	[novel], [tʃerita]
roman (m)	**novel**	[novel]
œuvre (f) littéraire	**karya**	[karja]
fable (f)	**fabel**	[fabel]
roman (m) policier	**novel detektif**	[novel detektif]
vers (m)	**puisi, sajak**	[puisi], [sadʒʲa']
poésie (f)	**puisi**	[puisi]
poème (m)	**puisi**	[puisi]
poète (m)	**penyair**	[penjajr]
belles-lettres (f pl)	**fiksi**	[fiksi]
science-fiction (f)	**fiksi ilmiah**	[fiksi ilmiah]
aventures (f pl)	**petualangan**	[petualaŋan]
littérature (f) didactique	**literatur pendidikan**	[literatur pendidikan]
littérature (f) pour enfants	**sastra kanak-kanak**	[sastra kana'-kana']

128. Le cirque

cirque (m)	**sirkus**	[sirkus]
chapiteau (m)	**sirkus keliling**	[sirkus keliliŋ]
programme (m)	**program**	[program]
représentation (f)	**pertunjukan**	[pərtundʒʲukan]

| numéro (m) | aksi | [aksi] |
| arène (f) | arena | [arena] |

| pantomime (f) | pantomim | [pantomim] |
| clown (m) | badut | [badut] |

acrobate (m)	pemain akrobat	[pemajn akrobat]
acrobatie (f)	akrobatik	[akrobati']
gymnaste (m)	pesenam	[pesenam]
gymnastique (f)	senam	[senam]
salto (m)	salto	[salto]

hercule (m)	orang kuat	[oraŋ kuat]
dompteur (m)	penjinak hewan	[pendʒina' hewan]
écuyer (m)	penunggang kuda	[penuŋgaŋ kuda]
assistant (m)	asisten	[asisten]

truc (m)	stunt	[stun]
tour (m) de passe-passe	trik sulap	[tri' sulap]
magicien (m)	pesulap	[pesulap]

jongleur (m)	juggler	[dʒ'uggler]
jongler (vi)	bermain juggling	[bərmajn dʒ'ugglin]
dresseur (m)	pelatih binatang	[pelatih binataŋ]
dressage (m)	pelatihan binatang	[pelatihan binataŋ]
dresser (vt)	melatih	[melatih]

129. La musique

musique (f)	musik	[musi']
musicien (m)	musisi, musikus	[musisi], [musikus]
instrument (m) de musique	alat musik	[alat musi']
jouer de ...	bermain ...	[bərmajn ...]

guitare (f)	gitar	[gitar]
violon (m)	biola	[biola]
violoncelle (m)	selo	[selo]
contrebasse (f)	kontrabas	[kontrabas]
harpe (f)	harpa	[harpa]

piano (m)	piano	[piano]
piano (m) à queue	grand piano	[grand piano]
orgue (m)	organ	[organ]

instruments (m pl) à vent	alat musik tiup	[alat musi' tiup]
hautbois (m)	obo	[obo]
saxophone (m)	saksofon	[saksofon]
clarinette (f)	klarinet	[klarinet]
flûte (f)	suling	[suliŋ]
trompette (f)	trompet	[trompet]

accordéon (m)	akordeon	[akordeon]
tambour (m)	drum	[drum]
duo (m)	duo, duet	[duo], [duet]

trio (m)	**trio**	[trio]
quartette (m)	**kuartet**	[kuartet]
chœur (m)	**kor**	[kor]
orchestre (m)	**orkestra**	[orkestra]

musique (f) pop	**musik pop**	[musiʔ pop]
musique (f) rock	**musik rok**	[musiʔ roʔ]
groupe (m) de rock	**grup musik rok**	[grup musiʔ roʔ]
jazz (m)	**jaz**	[dʒˈaz]

| idole (f) | **idola** | [idola] |
| admirateur (m) | **pengagum** | [peŋagum] |

concert (m)	**konser**	[konser]
symphonie (f)	**simfoni**	[simfoni]
œuvre (f) musicale	**komposisi**	[komposisi]
composer (vt)	**menggubah, mencipta**	[məŋgubah], [məntʃipta]

chant (m) (~ d'oiseau)	**nyanyian**	[njanjian]
chanson (f)	**lagu**	[lagu]
mélodie (f)	**nada, melodi**	[nada], [melodi]
rythme (m)	**irama**	[irama]
blues (m)	**musik blues**	[musiʔ blus]

notes (f pl)	**notasi musik**	[notasi musiʔ]
baguette (f)	**tongkat dirigen**	[toŋkat dirigen]
archet (m)	**penggesek**	[peŋgeseʔ]
corde (f)	**tali, senar**	[tali], [senar]
étui (m)	**wadah**	[wadah]

Les loisirs. Les voyages

130. Les voyages. Les excursions

tourisme (m)	pariwisata	[pariwisata]
touriste (m)	turis, wisatawan	[turis], [wisatawan]
voyage (m) (à l'étranger)	pengembaraan	[peŋembara'an]
aventure (f)	petualangan	[petualaŋan]
voyage (m)	perjalanan, lawatan	[pərdʒʲalanan], [lawatan]
vacances (f pl)	liburan	[liburan]
être en vacances	berlibur	[bərlibur]
repos (m) (jours de ~)	istirahat	[istirahat]
train (m)	kereta api	[kereta api]
en train	naik kereta api	[nai' kereta api]
avion (m)	pesawat terbang	[pesawat tərbaŋ]
en avion	naik pesawat terbang	[nai' pesawat tərbaŋ]
en voiture	naik mobil	[nai' mobil]
en bateau	naik kapal	[nai' kapal]
bagage (m)	bagasi	[bagasi]
malle (f)	koper	[koper]
chariot (m)	troli bagasi	[troli bagasi]
passeport (m)	paspor	[paspor]
visa (m)	visa	[visa]
ticket (m)	tiket	[tiket]
billet (m) d'avion	tiket pesawat terbang	[tiket pesawat tərbaŋ]
guide (m) (livre)	buku pedoman	[buku pedoman]
carte (f)	peta	[peta]
région (f) (~ rurale)	kawasan	[kawasan]
endroit (m)	tempat	[tempat]
exotisme (m)	keeksotisan	[keeksotisan]
exotique (adj)	eksotis	[eksotis]
étonnant (adj)	menakjubkan	[mənakdʒʲubkan]
groupe (m)	kelompok	[kelompo']
excursion (f)	ekskursi	[ekskursi]
guide (m) (personne)	pemandu wisata	[pemandu wisata]

131. L'hôtel

hôtel (m), auberge (f)	hotel	[hotel]
motel (m)	motel	[motel]
3 étoiles	bintang tiga	[bintaŋ tiga]

| 5 étoiles | bintang lima | [bintaŋ lima] |
| descendre (à l'hôtel) | menginap | [məŋinap] |

chambre (f)	kamar	[kamar]
chambre (f) simple	kamar tunggal	[kamar tuŋgal]
chambre (f) double	kamar ganda	[kamar ganda]
réserver une chambre	memesan kamar	[memesan kamar]

| demi-pension (f) | sewa setengah | [sewa seteŋah] |
| pension (f) complète | sewa penuh | [sewa penuh] |

avec une salle de bain	dengan kamar mandi	[deŋan kamar mandi]
avec une douche	dengan pancuran	[deŋan pantʃuran]
télévision (f) par satellite	televisi satelit	[televisi satelit]
climatiseur (m)	penyejuk udara	[penjedʒ'u' udara]
serviette (f)	handuk	[handuʔ]
clé (f)	kunci	[kuntʃi]

administrateur (m)	administrator	[administrator]
femme (f) de chambre	pelayan kamar	[pelajan kamar]
porteur (m)	porter	[porter]
portier (m)	pramupintu	[pramupintu]

restaurant (m)	restoran	[restoran]
bar (m)	bar	[bar]
petit déjeuner (m)	makan pagi, sarapan	[makan pagi], [sarapan]
dîner (m)	makan malam	[makan malam]
buffet (m)	prasmanan	[prasmanan]

| hall (m) | lobi | [lobi] |
| ascenseur (m) | elevator | [elevator] |

| PRIÈRE DE NE PAS DÉRANGER | JANGAN MENGGANGGU | [dʒ'aŋan məŋgaŋgu] |
| DÉFENSE DE FUMER | DILARANG MEROKOK! | [dilaraŋ merokoʔ!] |

132. Le livre. La lecture

livre (m)	buku	[buku]
auteur (m)	pengarang	[peŋaraŋ]
écrivain (m)	penulis	[penulis]
écrire (~ un livre)	menulis	[mənulis]

lecteur (m)	pembaca	[pembatʃa]
lire (vi, vt)	membaca	[membatʃa]
lecture (f)	membaca	[membatʃa]

| à part soi | dalam hati | [dalam hati] |
| à haute voix | dengan keras | [deŋan keras] |

éditer (vt)	menerbitkan	[mənerbitkan]
édition (f) (~ des livres)	penerbitan	[penerbitan]
éditeur (m)	penerbit	[penerbit]
maison (f) d'édition	penerbit	[penerbit]

paraître (livre)	terbit	[terbit]
sortie (f) (~ d'un livre)	penerbitan	[penerbitan]
tirage (m)	oplah	[oplah]
librairie (f)	toko buku	[toko buku]
bibliothèque (f)	perpustakaan	[pərpustaka'an]
nouvelle (f)	novel, cerita	[novel], [tʃerita]
récit (m)	cerpen	[tʃerpen]
roman (m)	novel	[novel]
roman (m) policier	novel detektif	[novel detektif]
mémoires (m pl)	memoir	[memoir]
légende (f)	legenda	[legenda]
mythe (m)	mitos	[mitos]
vers (m pl)	puisi	[puisi]
autobiographie (f)	autobiografi	[autobiografi]
les œuvres choisies	karya pilihan	[karja pilihan]
science-fiction (f)	fiksi ilmiah	[fiksi ilmiah]
titre (m)	judul	[dʒiudul]
introduction (f)	pendahuluan	[pendahuluan]
page (f) de titre	halaman judul	[halaman dʒiudul]
chapitre (m)	bab	[bab]
extrait (m)	kutipan	[kutipan]
épisode (m)	episode	[episode]
sujet (m)	alur cerita	[alur tʃerita]
sommaire (m)	daftar isi	[daftar isi]
table (f) des matières	daftar isi	[daftar isi]
protagoniste (m)	karakter utama	[karakter utama]
volume (m)	jilid	[dʒilid]
couverture (f)	sampul	[sampul]
reliure (f)	penjilidan	[pendʒilidan]
marque-page (m)	pembatas buku	[pembatas buku]
page (f)	halaman	[halaman]
feuilleter (vt)	membolak-balik	[membola'-bali']
marges (f pl)	margin	[margin]
annotation (f)	anotasi, catatan	[anotasi], [tʃatatan]
note (f) de bas de page	catatan kaki	[tʃatatan kaki]
texte (m)	teks	[teks]
police (f)	huruf	[huruf]
faute (f) d'impression	salah cetak	[salah tʃeta']
traduction (f)	terjemahan	[tərdʒiemahan]
traduire (vt)	menerjemahkan	[mənerdʒiemahkan]
original (m)	orisinal	[orisinal]
célèbre (adj)	terkenal	[tərkenal]
inconnu (adj)	tidak dikenali	[tida' dikenali]
intéressant (adj)	menarik	[mənari']

best-seller (m)	buku laris	[buku laris]
dictionnaire (m)	kamus	[kamus]
manuel (m)	buku pelajaran	[buku peladʒʲaran]
encyclopédie (f)	ensiklopedi	[ensiklopedi]

133. La chasse. La pêche

chasse (f)	perburuan	[pərburuan]
chasser (vi, vt)	berburu	[bərburu]
chasseur (m)	pemburu	[pemburu]

tirer (vi)	menembak	[mənembaʔ]
fusil (m)	senapan	[senapan]
cartouche (f)	peluru, patrun	[peluru], [patrun]
grains (m pl) de plomb	peluru gotri	[peluru gotri]

piège (m) à mâchoires	perangkap	[pəraŋkap]
piège (m)	perangkap	[pəraŋkap]
être pris dans un piège	terperangkap	[tərpəraŋkap]
mettre un piège	memasang perangkap	[memasaŋ pəraŋkap]

braconnier (m)	pemburu ilegal	[pemburu ilegal]
gibier (m)	binatang buruan	[binataŋ buruan]
chien (m) de chasse	anjing pemburu	[andʒiŋ pemburu]
safari (m)	safari	[safari]
animal (m) empaillé	patung binatang	[patuŋ binataŋ]

pêcheur (m)	nelayan, pemancing	[nelajan], [pemantʃiŋ]
pêche (f)	memancing	[memantʃiŋ]
pêcher (vi)	memancing	[memantʃiŋ]

canne (f) à pêche	joran	[dʒoran]
ligne (f) de pêche	tali pancing	[tali pantʃiŋ]
hameçon (m)	kail	[kail]
flotteur (m)	pelampung	[pelampuŋ]
amorce (f)	umpan	[umpan]

| lancer la ligne | melempar pancing | [melempar pantʃiŋ] |
| mordre (vt) | memakan umpan | [memakan umpan] |

| pêche (f) (poisson capturé) | tangkapan | [taŋkapan] |
| trou (m) dans la glace | lubang es | [lubaŋ es] |

| filet (m) | jala | [dʒʲala] |
| barque (f) | perahu | [pərahu] |

pêcher au filet	menjala	[məndʒʲala]
jeter un filet	menabur jala	[mənabur dʒʲala]
retirer le filet	menarik jala	[mənariʔ dʒʲala]
tomber dans le filet	tertangkap dalam jala	[tərtaŋkap dalam dʒʲala]

baleinier (m)	pemburu paus	[pemburu paus]
baleinière (f)	kapal pemburu paus	[kapal pemburu paus]
harpon (m)	tempuling	[tempuliŋ]

134. Les jeux. Le billard

billard (m)	biliar	[biliar]
salle (f) de billard	kamar biliar	[kamar biliar]
bille (f) de billard	bola	[bola]
empocher une bille	memasukkan bola	[memasu'kan bola]
queue (f)	stik	[sti']
poche (f)	lubang meja biliar	[lubaŋ medʒ'a biliar]

135. Les jeux de cartes

carreau (m)	wajik	[wadʒi']
pique (m)	sekop	[sekop]
cœur (m)	hati	[hati]
trèfle (m)	keriting	[keritiŋ]
as (m)	as	[as]
roi (m)	raja	[radʒ'a]
dame (f)	ratu	[ratu]
valet (m)	jack	[dʒ'e']
carte (f)	kartu permainan	[kartu pərmajnan]
jeu (m) de cartes	kartu	[kartu]
atout (m)	truf	[truf]
paquet (m) de cartes	pak kartu	[pa' kartu]
point (m)	poin	[poin]
distribuer (les cartes)	membagikan	[membagikan]
battre les cartes	mengocok	[məŋotʃo']
tour (m) de jouer	giliran	[giliran]
tricheur (m)	pemain kartu curang	[pemajn kartu tʃuraŋ]

136. Les loisirs. Les jeux

se promener (vp)	berjalan-jalan	[bərdʒ'alan-dʒ'alan]
promenade (f)	jalan-jalan	[dʒ'alan-dʒ'alan]
promenade (f) (en voiture)	perjalanan	[pərdʒ'alanan]
aventure (f)	petualangan	[petualaŋan]
pique-nique (m)	piknik	[pikni']
jeu (m)	permainan	[pərmajnan]
joueur (m)	pemain	[pemajn]
partie (f) (~ de cartes, etc.)	partai	[partaj]
collectionneur (m)	kolektor	[kolektor]
collectionner (vt)	mengoleksi	[məŋoleksi]
collection (f)	koleksi	[koleksi]
mots (m pl) croisés	teka-teki silang	[teka-teki silaŋ]
hippodrome (m)	lapangan pacu	[lapaŋan patʃu]

discothèque (f)	diskotik	[diskoti']
sauna (m)	sauna	[sauna]
loterie (f)	lotre	[lotre]

trekking (m)	darmawisata	[darmawisata]
camp (m)	perkemahan	[pərkemahan]
tente (f)	tenda, kemah	[tenda], [kemah]
boussole (f)	kompas	[kompas]
campeur (m)	pewisata alam	[pewisata alam]

regarder (la télé)	menonton	[mənonton]
téléspectateur (m)	penonton	[penonton]
émission (f) de télé	acara TV	[atʃara ti-vi]

137. La photographie

| appareil (m) photo | kamera | [kamera] |
| photo (f) | foto | [foto] |

photographe (m)	fotografer	[fotografer]
studio (m) de photo	studio foto	[studio foto]
album (m) de photos	album foto	[album foto]

objectif (m)	lensa kamera	[lensa kamera]
téléobjectif (m)	lensa telefoto	[lensa telefoto]
filtre (m)	filter	[filter]
lentille (f)	lensa	[lensa]

optique (f)	alat optik	[alat opti']
diaphragme (m)	diafragma	[diafragma]
temps (m) de pose	kecepatan rana	[ketʃepatan rana]
viseur (m)	jendela pengamat	[dʒʲendela peŋamat]

appareil (m) photo numérique	kamera digital	[kamera digital]
trépied (m)	kakitiga	[kakitiga]
flash (m)	blitz	[blits]

photographier (vt)	memotret	[memotret]
prendre en photo	memotret	[memotret]
se faire prendre en photo	berfoto	[bərfoto]

mise (f) au point	fokus	[fokus]
mettre au point	mengatur fokus	[məŋatur fokus]
net (adj)	tajam	[tadʒʲam]
netteté (f)	ketajaman	[ketadʒʲaman]

| contraste (m) | kekontrasan | [kekontrasan] |
| contrasté (adj) | kontras | [kontras] |

épreuve (f)	gambar foto	[gambar foto]
négatif (m)	negatif	[negatif]
pellicule (f)	film	[film]
image (f)	frame, gambar diam	[frame], [gambar diam]
tirer (des photos)	mencetak	[məntʃeta']

138. La plage. La baignade

plage (f)	pantai	[pantaj]
sable (m)	pasir	[pasir]
désert (plage ~e)	sepi	[sepi]
bronzage (m)	hitam terbakar matahari	[hitam tərbakar matahari]
se bronzer (vp)	berjemur di sinar matahari	[bərdʒiemur di sinar matahari]
bronzé (adj)	hitam terbakar matahari	[hitam tərbakar matahari]
crème (f) solaire	tabir surya	[tabir surja]
bikini (m)	bikini	[bikini]
maillot (m) de bain	baju renang	[badʒiu renaŋ]
slip (m) de bain	celana renang	[tʃelana renaŋ]
piscine (f)	kolam renang	[kolam renaŋ]
nager (vi)	berenang	[bərenaŋ]
douche (f)	pancuran	[pantʃuran]
se changer (vp)	berganti pakaian	[bərganti pakajan]
serviette (f)	handuk	[handuʔ]
barque (f)	perahu	[pərahu]
canot (m) à moteur	perahu motor	[pərahu motor]
ski (m) nautique	ski air	[ski air]
pédalo (m)	sepeda air	[sepeda air]
surf (m)	berselancar	[bərselantʃar]
surfeur (m)	peselancar	[peselantʃar]
scaphandre (m) autonome	alat scuba	[alat skuba]
palmes (f pl)	sirip karet	[sirip karet]
masque (m)	masker	[masker]
plongeur (m)	penyelam	[penjelam]
plonger (vi)	menyelam	[mənjelam]
sous l'eau (adv)	bawah air	[bawah air]
parasol (m)	payung	[pajuŋ]
chaise (f) longue	kursi pantai	[kursi pantaj]
lunettes (f pl) de soleil	kacamata hitam	[katʃamata hitam]
matelas (m) pneumatique	kasur udara	[kasur udara]
jouer (s'amuser)	bermain	[bərmajn]
se baigner (vp)	berenang	[bərenaŋ]
ballon (m) de plage	bola pantai	[bola pantaj]
gonfler (vt)	meniup	[məniup]
gonflable (adj)	udara	[udara]
vague (f)	gelombang	[gelombaŋ]
bouée (f)	pelampung	[pelampuŋ]
se noyer (vp)	tenggelam	[teŋgelam]
sauver (vt)	menyelamatkan	[mənjelamatkan]
gilet (m) de sauvetage	jaket pelampung	[dʒiaket pelampuŋ]
observer (vt)	mengamati	[məɲamati]
maître nageur (m)	penyelamat	[penjelamat]

LE MATÉRIEL TECHNIQUE. LES TRANSPORTS

Le matériel technique

139. L'informatique

ordinateur (m)	komputer	[komputer]
PC (m) portable	laptop	[laptop]
allumer (vt)	menyalakan	[mənjalakan]
éteindre (vt)	mematikan	[mematikan]
clavier (m)	keyboard, papan tombol	[keybor], [papan tombol]
touche (f)	tombol	[tombol]
souris (f)	tetikus	[tetikus]
tapis (m) de souris	bantal tetikus	[bantal tetikus]
bouton (m)	tombol	[tombol]
curseur (m)	kursor	[kursor]
moniteur (m)	monitor	[monitor]
écran (m)	layar	[lajar]
disque (m) dur	hard disk, cakram keras	[hard disk], [tʃakram keras]
capacité (f) du disque dur	kapasitas cakram keras	[kapasitas tʃakram keras]
mémoire (f)	memori	[memori]
mémoire (f) vive	memori akses acak	[memori akses atʃa']
fichier (m)	file, berkas	[file], [bərkas]
dossier (m)	folder	[folder]
ouvrir (vt)	membuka	[membuka]
fermer (vt)	menutup	[mənutup]
sauvegarder (vt)	menyimpan	[mənjimpan]
supprimer (vt)	menghapus	[məŋhapus]
copier (vt)	menyalin	[mənjalin]
trier (vt)	menyortir	[mənjortir]
copier (vt)	mentransfer	[məntransfer]
programme (m)	program	[program]
logiciel (m)	perangkat lunak	[pəraŋkat luna']
programmeur (m)	pemrogram	[pemrogram]
programmer (vt)	memprogram	[memprogram]
hacker (m)	peretas	[pəretas]
mot (m) de passe	kata sandi	[kata sandi]
virus (m)	virus	[virus]
découvrir (détecter)	mendeteksi	[məndeteksi]
bit (m)	bita	[bita]

mégabit (m)	megabita	[megabita]
données (f pl)	data	[data]
base (f) de données	basis data, pangkalan data	[basis data], [paŋkalan data]

câble (m)	kabel	[kabel]
déconnecter (vt)	melepaskan	[melepaskan]
connecter (vt)	menyambungkan	[mənjambuŋkan]

140. L'Internet. Le courrier électronique

Internet (m)	Internet	[internet]
navigateur (m)	peramban	[pəramban]
moteur (m) de recherche	mesin telusur	[mesin telusur]
fournisseur (m) d'accès	provider	[provider]

administrateur (m) de site	webmaster, perancang web	[webmaster], [pərantʃaŋ web]
site (m) web	situs web	[situs web]
page (f) web	halaman web	[halaman web]

| adresse (f) | alamat | [alamat] |
| carnet (m) d'adresses | buku alamat | [buku alamat] |

boîte (f) de réception	kotak surat	[kotaʔ surat]
courrier (m)	surat	[surat]
pleine (adj)	penuh	[penuh]

message (m)	pesan	[pesan]
messages (pl) entrants	pesan masuk	[pesan masuʔ]
messages (pl) sortants	pesan keluar	[pesan keluar]

expéditeur (m)	pengirim	[peɲirim]
envoyer (vt)	mengirim	[məɲirim]
envoi (m)	pengiriman	[peɲiriman]

| destinataire (m) | penerima | [penerima] |
| recevoir (vt) | menerima | [mənerima] |

| correspondance (f) | surat-menyurat | [surat-menyurat] |
| être en correspondance | surat-menyurat | [surat-menyurat] |

fichier (m)	file, berkas	[file], [bərkas]
télécharger (vt)	mengunduh	[məŋunduh]
créer (vt)	membuat	[membuat]
supprimer (vt)	menghapus	[məŋhapus]
supprimé (adj)	terhapus	[tərhapus]

connexion (f) (ADSL, etc.)	koneksi	[koneksi]
vitesse (f)	kecepatan	[ketʃepatan]
modem (m)	modem	[modem]
accès (m)	akses	[akses]
port (m)	porta	[porta]

| connexion (f) (établir la ~) | koneksi | [koneksi] |
| se connecter à ... | terhubung ke ... | [tərhubuŋ ke ...] |

| sélectionner (vt) | **memilih** | [memilih] |
| rechercher (vt) | **mencari ...** | [mentʃari ...] |

Les transports

141. L'avion

avion (m)	pesawat terbang	[pesawat tərbaŋ]
billet (m) d'avion	tiket pesawat terbang	[tiket pesawat tərbaŋ]
compagnie (f) aérienne	maskapai penerbangan	[maskapaj penerbaŋan]
aéroport (m)	bandara	[bandara]
supersonique (adj)	supersonik	[supersoni']

commandant (m) de bord	kapten	[kapten]
équipage (m)	awak	[awa']
pilote (m)	pilot	[pilot]
hôtesse (f) de l'air	pramugari	[pramugari]
navigateur (m)	navigator, penavigasi	[navigator], [penavigasi]

ailes (f pl)	sayap	[sajap]
queue (f)	ekor	[ekor]
cabine (f)	kokpit	[kokpit]
moteur (m)	mesin	[mesin]
train (m) d'atterrissage	roda pendarat	[roda pendarat]
turbine (f)	turbin	[turbin]

hélice (f)	baling-baling	[baliŋ-baliŋ]
boîte (f) noire	kotak hitam	[kota' hitam]
gouvernail (m)	kemudi	[kemudi]
carburant (m)	bahan bakar	[bahan bakar]

consigne (f) de sécurité	instruksi keselamatan	[instruksi keselamatan]
masque (m) à oxygène	masker oksigen	[masker oksigen]
uniforme (m)	seragam	[seragam]

gilet (m) de sauvetage	jaket pelampung	[dʒ'aket pelampuŋ]
parachute (m)	parasut	[parasut]

décollage (m)	lepas landas	[lepas landas]
décoller (vi)	bertolak	[bərtola']
piste (f) de décollage	jalur lepas landas	[dʒ'alur lepas landas]

visibilité (f)	visibilitas, pandangan	[visibilitas], [pandaŋan]
vol (m) (~ d'oiseau)	penerbangan	[penerbaŋan]

altitude (f)	ketinggian	[ketiŋgian]
trou (m) d'air	lubang udara	[lubaŋ udara]

place (f)	tempat duduk	[tempat dudu']
écouteurs (m pl)	headphone, fonkepala	[headphone], [fonkepala]
tablette (f)	meja lipat	[medʒ'a lipat]
hublot (m)	jendela pesawat	[dʒ'endela pesawat]
couloir (m)	lorong	[loroŋ]

142. Le train

train (m)	kereta api	[kereta api]
train (m) de banlieue	kereta api listrik	[kereta api listri']
TGV (m)	kereta api cepat	[kereta api ʧepat]
locomotive (f) diesel	lokomotif diesel	[lokomotif disel]
locomotive (f) à vapeur	lokomotif uap	[lokomotif uap]
wagon (m)	gerbong penumpang	[gerboŋ penumpaŋ]
wagon-restaurant (m)	gerbong makan	[gerboŋ makan]
rails (m pl)	rel	[rel]
chemin (m) de fer	rel kereta api	[rel kereta api]
traverse (f)	bantalan rel	[bantalan rel]
quai (m)	platform	[platform]
voie (f)	jalur	[dʒ'alur]
sémaphore (m)	semafor	[semafor]
station (f)	stasiun	[stasiun]
conducteur (m) de train	masinis	[masinis]
porteur (m)	porter	[porter]
steward (m)	kondektur	[kondektur]
passager (m)	penumpang	[penumpaŋ]
contrôleur (m) de billets	kondektur	[kondektur]
couloir (m)	koridor	[koridor]
frein (m) d'urgence	rem darurat	[rem darurat]
compartiment (m)	kabin	[kabin]
couchette (f)	bangku	[baŋku]
couchette (f) d'en haut	bangku atas	[baŋku atas]
couchette (f) d'en bas	bangku bawah	[baŋku bawah]
linge (m) de lit	kain kasur	[kain kasur]
ticket (m)	tiket	[tiket]
horaire (m)	jadwal	[dʒ'adwal]
tableau (m) d'informations	layar informasi	[lajar informasi]
partir (vi)	berangkat	[bəraŋkat]
départ (m) (du train)	keberangkatan	[keberaŋkatan]
arriver (le train)	datang	[dataŋ]
arrivée (f)	kedatangan	[kedataŋan]
arriver en train	datang naik kereta api	[dataŋ naj' kereta api]
prendre le train	naik ke kereta	[nai' ke kereta]
descendre du train	turun dari kereta	[turun dari kereta]
accident (m) ferroviaire	kecelakaan kereta	[keʧelaka'an kereta]
dérailler (vi)	keluar rel	[keluar rel]
locomotive (f) à vapeur	lokomotif uap	[lokomotif uap]
chauffeur (m)	juru api	[dʒ'uru api]
chauffe (f)	tungku	[tuŋku]
charbon (m)	batu bara	[batu bara]

143. Le bateau

bateau (m)	**kapal**	[kapal]
navire (m)	**kapal**	[kapal]
bateau (m) à vapeur	**kapal uap**	[kapal uap]
paquebot (m)	**kapal api**	[kapal api]
bateau (m) de croisière	**kapal laut**	[kapal laut]
croiseur (m)	**kapal penjelajah**	[kapal penʤʲe-laʤʲah]
yacht (m)	**perahu pesiar**	[pərahu pesiar]
remorqueur (m)	**kapal tunda**	[kapal tunda]
péniche (f)	**tongkang**	[toŋkaŋ]
ferry (m)	**feri**	[feri]
voilier (m)	**kapal layar**	[kapal lajar]
brigantin (m)	**kapal brigantin**	[kapal brigantin]
brise-glace (m)	**kapal pemecah es**	[kapal pemetʃah es]
sous-marin (m)	**kapal selam**	[kapal selam]
canot (m) à rames	**perahu**	[pərahu]
dinghy (m)	**sekoci**	[sekotʃi]
canot (m) de sauvetage	**sekoci penyelamat**	[sekotʃi penjelamat]
canot (m) à moteur	**perahu motor**	[pərahu motor]
capitaine (m)	**kapten**	[kapten]
matelot (m)	**kelasi**	[kelasi]
marin (m)	**pelaut**	[pelaut]
équipage (m)	**awak**	[awaʔ]
maître (m) d'équipage	**bosman, bosun**	[bosman], [bosun]
mousse (m)	**kadet laut**	[kadet laut]
cuisinier (m) du bord	**koki**	[koki]
médecin (m) de bord	**dokter kapal**	[dokter kapal]
pont (m)	**dek**	[deʔ]
mât (m)	**tiang**	[tiaŋ]
voile (f)	**layar**	[lajar]
cale (f)	**lambung kapal**	[lambuŋ kapal]
proue (f)	**haluan**	[haluan]
poupe (f)	**buritan**	[buritan]
rame (f)	**dayung**	[dajuŋ]
hélice (f)	**baling-baling**	[baliŋ-baliŋ]
cabine (f)	**kabin**	[kabin]
carré (m) des officiers	**ruang rekreasi**	[ruaŋ rekreasi]
salle (f) des machines	**ruang mesin**	[ruaŋ mesin]
passerelle (f)	**anjungan kapal**	[anʤʲuŋan kapal]
cabine (f) de T.S.F.	**ruang radio**	[ruaŋ radio]
onde (f)	**gelombang radio**	[gelombaŋ radio]
journal (m) de bord	**buku harian kapal**	[buku harian kapal]
longue-vue (f)	**teropong**	[təropoŋ]
cloche (f)	**lonceng**	[lontʃeŋ]

pavillon (m)	bendera	[bendera]
grosse corde (f) tressée	tali	[tali]
nœud (m) marin	simpul	[simpul]
rampe (f)	pegangan	[peɡaŋan]
passerelle (f)	tangga kapal	[taŋga kapal]
ancre (f)	jangkar	[dʒ'aŋkar]
lever l'ancre	mengangkat jangkar	[məŋaŋkat dʒ'aŋkar]
jeter l'ancre	menjatuhkan jangkar	[məndʒ'atuhkan dʒ'aŋkar]
chaîne (f) d'ancrage	rantai jangkar	[rantaj dʒ'aŋkar]
port (m)	pelabuhan	[pelabuhan]
embarcadère (m)	dermaga	[dermaga]
accoster (vi)	merapat	[merapat]
larguer les amarres	bertolak	[bərtola']
voyage (m) (à l'étranger)	pengembaraan	[peɲembara'an]
croisière (f)	pesiar	[pesiar]
cap (m) (suivre un ~)	haluan	[haluan]
itinéraire (m)	rute	[rute]
bas-fond (m)	beting	[betiŋ]
échouer sur un bas-fond	kandas	[kandas]
tempête (f)	badai	[badaj]
signal (m)	sinyal	[sinjal]
sombrer (vi)	tenggelam	[teŋgelam]
Un homme à la mer!	Orang hanyut!	[oraŋ hanyut!]
SOS (m)	SOS	[es-o-es]
bouée (f) de sauvetage	pelampung penyelamat	[pelampuŋ penjelamat]

144. L'aéroport

aéroport (m)	bandara	[bandara]
avion (m)	pesawat terbang	[pesawat tərbaŋ]
compagnie (f) aérienne	maskapai penerbangan	[maskapaj penerbaŋan]
contrôleur (m) aérien	pengawas lalu lintas udara	[peɲawas lalu lintas udara]
départ (m)	keberangkatan	[keberaŋkatan]
arrivée (f)	kedatangan	[kedataŋan]
arriver (par avion)	datang	[dataŋ]
temps (m) de départ	waktu keberangkatan	[waktu keberaŋkatan]
temps (m) d'arrivée	waktu kedatangan	[waktu kedataŋan]
être retardé	terlambat	[tərlambat]
retard (m) de l'avion	penundaan penerbangan	[penunda'an penerbaŋan]
tableau (m) d'informations	papan informasi	[papan informasi]
information (f)	informasi	[informasi]
annoncer (vt)	mengumumkan	[məŋumumkan]
vol (m)	penerbangan	[penerbaŋan]
douane (f)	pabean	[pabean]

douanier (m)	petugas pabean	[petugas pabean]
déclaration (f) de douane	pernyataan pabean	[pǝrnjata'an pabean]
remplir (vt)	mengisi	[mǝɲisi]
remplir la déclaration	mengisi formulir bea cukai	[mǝɲisi formulir bea ʧukaj]
contrôle (m) de passeport	pemeriksaan paspor	[pemeriksa'an paspor]

bagage (m)	bagasi	[bagasi]
bagage (m) à main	jinjingan	[ʤinʤiɲan]
chariot (m)	troli bagasi	[troli bagasi]

atterrissage (m)	pendaratan	[pendaratan]
piste (f) d'atterrissage	jalur pendaratan	[ʤʲalur pendaratan]
atterrir (vi)	mendarat	[mǝndarat]
escalier (m) d'avion	tangga pesawat	[taŋga pesawat]

enregistrement (m)	check-in	[ʧekin]
comptoir (m) d'enregistrement	meja check-in	[meʤʲa ʧekin]
s'enregistrer (vp)	check-in	[ʧekin]
carte (f) d'embarquement	kartu pas	[kartu pas]
porte (f) d'embarquement	gerbang keberangkatan	[gerbaŋ keberaŋkatan]

transit (m)	transit	[transit]
attendre (vt)	menunggu	[mǝnuŋgu]
salle (f) d'attente	ruang tunggu	[ruaŋ tuŋgu]
raccompagner	mengantar	[mǝɲantar]
(à l'aéroport, etc.)		
dire au revoir	berpamitan	[bǝrpamitan]

145. Le vélo. La moto

vélo (m)	sepeda	[sepeda]
scooter (m)	skuter	[skuter]
moto (f)	sepeda motor	[sepeda motor]

faire du vélo	naik sepeda	[nai' sepeda]
guidon (m)	kemudi, setang	[kemudi], [setaŋ]
pédale (f)	pedal	[pedal]
freins (m pl)	rem	[rem]
selle (f)	sadel	[sadel]

pompe (f)	pompa	[pompa]
porte-bagages (m)	boncengan	[bonʧeŋan]
phare (m)	lampu depan, berko	[lampu depan], [bǝrko]
casque (m)	helm	[helm]

roue (f)	roda	[roda]
garde-boue (m)	sayap roda	[sajap roda]
jante (f)	bingkai	[biŋkaj]
rayon (m)	jari-jari, ruji	[ʤʲari-ʤʲari], [ruʤi]

La voiture

146. Les différents types de voiture

automobile (f)	mobil	[mobil]
voiture (f) de sport	mobil sports	[mobil sports]
limousine (f)	limusin	[limusin]
tout-terrain (m)	kendaraan lintas medan	[kendara'an lintas medan]
cabriolet (m)	kabriolet	[kabriolet]
minibus (m)	minibus	[minibus]
ambulance (f)	ambulans	[ambulans]
chasse-neige (m)	truk pembersih salju	[tru' pembersih saldʒʲu]
camion (m)	truk	[tru']
camion-citerne (m)	truk tangki	[tru' taŋki]
fourgon (m)	mobil van	[mobil van]
tracteur (m) routier	truk semi trailer	[tra' semi treyler]
remorque (f)	trailer	[treyler]
confortable (adj)	nyaman	[njaman]
d'occasion (adj)	bekas	[bekas]

147. La voiture. La carrosserie

capot (m)	kap	[kap]
aile (f)	sepatbor	[sepatbor]
toit (m)	atap	[atap]
pare-brise (m)	kaca depan	[katʃa depan]
rétroviseur (m)	spion belakang	[spion belakaŋ]
lave-glace (m)	pencuci kaca	[pentʃutʃi katʃa]
essuie-glace (m)	karet wiper	[karet wiper]
fenêtre (f) latéral	jendela mobil	[dʒʲendela mobil]
lève-glace (m)	pemutar jendela	[pemutar dʒʲendela]
antenne (f)	antena	[antena]
toit (m) ouvrant	panel atap	[panel atap]
pare-chocs (m)	bumper	[bumper]
coffre (m)	bagasi mobil	[bagasi mobil]
galerie (f) de toit	rak bagasi atas	[ra' bagasi atas]
portière (f)	pintu	[pintu]
poignée (f)	gagang pintu	[gagaŋ pintu]
serrure (f)	kunci	[kuntʃi]
plaque (f) d'immatriculation	pelat nomor	[pelat nomor]
silencieux (m)	peredam suara	[pəredam suara]

| réservoir (m) d'essence | tangki bahan bakar | [taŋki bahan bakar] |
| pot (m) d'échappement | knalpot | [knalpot] |

accélérateur (m)	gas	[gas]
pédale (f)	pedal	[pedal]
pédale (f) d'accélérateur	pedal gas	[pedal gas]

frein (m)	rem	[rem]
pédale (f) de frein	pedal rem	[pedal rem]
freiner (vi)	mengerem	[məŋerem]
frein (m) à main	rem tangan	[rem taŋan]

embrayage (m)	kopling	[kopliŋ]
pédale (f) d'embrayage	pedal kopling	[pedal kopliŋ]
disque (m) d'embrayage	pelat kopling	[pelat kopliŋ]
amortisseur (m)	peredam kejut	[pəredam kedʒʲut]

roue (f)	roda	[roda]
roue (f) de rechange	ban serep	[ban serep]
pneu (m)	ban	[ban]
enjoliveur (m)	dop	[dop]

roues (f pl) motrices	roda penggerak	[roda peŋgera']
à traction avant	penggerak roda depan	[peŋgera' roda depan]
à traction arrière	penggerak roda belakang	[peŋgera' roda belakaŋ]
à traction intégrale	penggerak roda empat	[peŋgera' roda empat]

boîte (f) de vitesses	transmisi, girboks	[transmisi], [girboks]
automatique (adj)	otomatis	[otomatis]
mécanique (adj)	mekanis	[mekanis]
levier (m) de vitesse	tuas persneling	[tuas pərsneliŋ]

| phare (m) | lampu depan | [lampu depan] |
| feux (m pl) | lampu depan | [lampu depan] |

feux (m pl) de croisement	lampu dekat	[lampu dekat]
feux (m pl) de route	lampu jauh	[lampu dʒʲauh]
feux (m pl) stop	lampu rem	[lampu rem]

feux (m pl) de position	lampu kecil	[lampu ketʃil]
feux (m pl) de détresse	lampu bahaya	[lampu bahaja]
feux (m pl) de brouillard	lampu kabut	[lampu kabut]
clignotant (m)	lampu sein	[lampu sein]
feux (m pl) de recul	lampu belakang	[lampu belakaŋ]

148. La voiture. L'habitacle

habitacle (m)	kabin, interior	[kabin], [interior]
en cuir (adj)	kulit	[kulit]
en velours (adj)	velour	[velour]
revêtement (m)	pelapis jok	[pelapis dʒo']

| instrument (m) | alat pengukur | [alat peŋukur] |
| tableau (m) de bord | dasbor | [dasbor] |

| indicateur (m) de vitesse | spidometer | [spidometer] |
| aiguille (f) | jarum | [dʒ⟩arum] |

compteur (m) de kilomètres	odometer	[odometer]
indicateur (m)	indikator, sensor	[indikator], [sensor]
niveau (m)	level	[level]
témoin (m)	lampu indikator	[lampu indikator]

volant (m)	setir	[setir]
klaxon (m)	klakson	[klakson]
bouton (m)	tombol	[tombol]
interrupteur (m)	tuas	[tuas]

siège (m)	jok	[dʒoʔ]
dossier (m)	sandaran	[sandaran]
appui-tête (m)	sandaran kepala	[sandaran kepala]
ceinture (f) de sécurité	sabuk pengaman	[sabu' peŋaman]
mettre la ceinture	mengencangkan sabuk pengaman	[məŋentʃaŋkan sabu' peŋaman]
réglage (m)	penyetelan	[penjetelan]

| airbag (m) | bantal udara | [bantal udara] |
| climatiseur (m) | penyejuk udara | [penjedʒ⟩u' udara] |

radio (f)	radio	[radio]
lecteur (m) de CD	pemutar CD	[pemutar si-di]
allumer (vt)	menyalakan	[mənjalakan]
antenne (f)	antena	[antena]
boîte (f) à gants	laci depan	[latʃi depan]
cendrier (m)	asbak	[asba']

149. La voiture. Le moteur

moteur (m)	mesin	[mesin]
moteur (m)	motor	[motor]
diesel (adj)	diesel	[disel]
à essence (adj)	bensin	[bensin]

capacité (f) du moteur	kapasitas mesin	[kapasitas mesin]
puissance (f)	daya, tenaga	[daja], [tenaga]
cheval-vapeur (m)	tenaga kuda	[tenaga kuda]
piston (m)	piston	[piston]
cylindre (m)	silinder	[silinder]
soupape (f)	katup	[katup]

injecteur (m)	injektor	[indʒ⟩ektor]
générateur (m)	generator	[generator]
carburateur (m)	karburator	[karburator]
huile (f) moteur	oli	[oli]

radiateur (m)	radiator	[radiator]
liquide (m) de refroidissement	cairan pendingin	[tʃajran pendiŋin]
ventilateur (m)	kipas angin	[kipas aŋin]
batterie (f)	aki	[aki]

starter (m)	**starter**	[starter]
allumage (m)	**pengapian**	[peŋapian]
bougie (f) d'allumage	**busi**	[busi]

borne (f)	**elektroda**	[elektroda]
borne (f) positive	**terminal positif**	[tərminal positif]
borne (f) négative	**terminal negatif**	[tərminal negatif]
fusible (m)	**sekering**	[sekeriŋ]

filtre (m) à air	**filter udara**	[filter udara]
filtre (m) à huile	**filter oli**	[filter oli]
filtre (m) à essence	**filter bahan bakar**	[filter bahan bakar]

150. La voiture. La réparation

accident (m) de voiture	**kecelakaan mobil**	[ketʃelaka'an mobil]
accident (m) de route	**kecelakaan jalan raya**	[ketʃelaka'an dʒalan raja]
percuter contre …	**menabrak**	[mənabra']
s'écraser (vp)	**mengalami kecelakaan**	[məŋalami ketʃelaka'an]
dégât (m)	**kerusakan**	[kerusakan]
intact (adj)	**tidak tersentuh**	[tida' tərsentuh]

panne (f)	**kerusakan**	[kerusakan]
tomber en panne	**rusak**	[rusa']
corde (f) de remorquage	**tali penyeret**	[tali penjeret]

crevaison (f)	**ban bocor**	[ban botʃor]
crever (vi) (pneu)	**kempes**	[kempes]
gonfler (vt)	**memompa**	[memompa]
pression (f)	**tekanan**	[tekanan]
vérifier (vt)	**memeriksa**	[memeriksa]

réparation (f)	**reparasi**	[reparasi]
garage (m) (atelier)	**bengkel mobil**	[beŋkel mobil]
pièce (f) détachée	**onderdil, suku cadang**	[onderdil], [suku tʃadaŋ]
pièce (f)	**komponen**	[komponen]

boulon (m)	**baut**	[baut]
vis (f)	**sekrup**	[sekrup]
écrou (m)	**mur**	[mur]
rondelle (f)	**ring**	[riŋ]
palier (m)	**bantalan luncur**	[bantalan luntʃur]

tuyau (m)	**pipa**	[pipa]
joint (m)	**gasket**	[gasket]
fil (m)	**kabel, kawat**	[kabel], [kawat]

cric (m)	**dongkrak**	[doŋkra']
clé (f) de serrage	**kunci pas**	[kuntʃi pas]
marteau (m)	**martil, palu**	[martil], [palu]
pompe (f)	**pompa**	[pompa]
tournevis (m)	**obeng**	[obeŋ]
extincteur (m)	**pemadam api**	[pemadam api]
triangle (m) de signalisation	**segi tiga pengaman**	[segi tiga peŋaman]

caler (vi)	mogok	[mogoʔ]
calage (m)	mogok	[mogoʔ]
être en panne	rusak	[rusaʔ]

surchauffer (vi)	kepanasan	[kepanasan]
se boucher (vp)	tersumbat	[tərsumbat]
geler (vi)	membeku	[membeku]
éclater (tuyau, etc.)	pecah	[petʃah]

pression (f)	tekanan	[tekanan]
niveau (m)	level	[level]
lâche (courroie ~)	longgar	[loŋgar]

fosse (f)	penyok	[penjoʔ]
bruit (m) anormal	ketukan	[ketukan]
fissure (f)	retak	[retaʔ]
égratignure (f)	gores	[gores]

151. La voiture. La route

route (f)	jalan	[dʒˈalan]
grande route (autoroute)	jalan raya	[dʒˈalan raja]
autoroute (f)	jalan raya	[dʒˈalan raja]
direction (f)	arah	[arah]
distance (f)	jarak	[dʒˈaraʔ]

pont (m)	jembatan	[dʒˈembatan]
parking (m)	tempat parkir	[tempat parkir]
place (f)	lapangan	[lapaŋan]
échangeur (m)	jembatan simpang susun	[dʒˈembatan simpaŋ susun]
tunnel (m)	terowongan	[tərowoŋan]

station-service (f)	SPBU, stasiun bensin	[es-pe-be-u], [stasjun bensin]
parking (m)	tempat parkir	[tempat parkir]
poste (m) d'essence	stasiun bahan bakar	[stasiun bahan bakar]
garage (m) (atelier)	bengkel mobil	[beŋkel mobil]
se ravitailler (vp)	mengisi bahan bakar	[məŋisi bahan bakar]
carburant (m)	bahan bakar	[bahan bakar]
jerrycan (m)	jeriken	[dʒˈeriken]

asphalte (m)	aspal	[aspal]
marquage (m)	penandaan jalan	[penandaʔan dʒˈalan]
bordure (f)	kerb jalan	[kerb dʒˈalan]
barrière (f) de sécurité	pagar pematas	[pagar pematas]
fossé (m)	parit	[parit]
bas-côté (m)	bahu jalan	[bahu dʒˈalan]
réverbère (m)	tiang lampu	[tiaŋ lampu]

conduire (une voiture)	menyetir	[mənjetir]
tourner (~ à gauche)	membelok	[membeloʔ]
faire un demi-tour	memutar arah	[memutar arah]
marche (f) arrière	mundur	[mundur]
klaxonner (vi)	membunyikan klakson	[membunjikan klakson]
coup (m) de klaxon	suara klakson	[suara klakson]

s'embourber (vp)	terjebak	[tərdʒˈebaʔ]
déraper (vi)	terjebak	[tərdʒˈebaʔ]
couper (le moteur)	mematikan	[mematikan]

vitesse (f)	kecepatan	[ketʃepatan]
dépasser la vitesse	melebihi batas kecepatan	[melebihi batas ketʃepatan]
mettre une amende	memberikan surat tilang	[memberikan surat tilaŋ]
feux (m pl) de circulation	lampu lalu lintas	[lampu lalu lintas]
permis (m) de conduire	Surat Izin Mengemudi, SIM	[surat izin məŋemudi], [sim]

passage (m) à niveau	lintasan	[lintasan]
carrefour (m)	persimpangan	[pərsimpaŋan]
passage (m) piéton	penyeberangan	[penjeberaŋan]
virage (m)	tikungan	[tikuŋan]
zone (f) piétonne	kawasan pejalan kaki	[kawasan pedʒˈalan kaki]

LES GENS. LES ÉVÉNEMENTS

Les grands événements de la vie

152. Les fêtes et les événements

fête (f)	perayaan	[pəraja'an]
fête (f) nationale	hari besar nasional	[hari besar nasional]
jour (m) férié	hari libur	[hari libur]
fêter (vt)	merayakan	[merajakan]
événement (m) (~ du jour)	peristiwa, kejadian	[pəristiwa], [kedʒadian]
événement (m) (soirée, etc.)	acara	[atʃara]
banquet (m)	banket	[banket]
réception (f)	resepsi	[resepsi]
festin (m)	pesta	[pesta]
anniversaire (m)	hari jadi, HUT	[hari dʒadi], [ha-u-te]
jubilé (m)	yubileum	[yubileum]
célébrer (vt)	merayakan	[merajakan]
Nouvel An (m)	Tahun Baru	[tahun baru]
Bonne année!	Selamat Tahun Baru!	[selamat tahun baru!]
Père Noël (m)	Sinterklas	[sinterklas]
Noël (m)	Natal	[natal]
Joyeux Noël!	Selamat Hari Natal!	[selamat hari natal!]
arbre (m) de Noël	pohon Natal	[pohon natal]
feux (m pl) d'artifice	kembang api	[kembaŋ api]
mariage (m)	pernikahan	[pərnikahan]
fiancé (m)	mempelai lelaki	[mempelaj lelaki]
fiancée (f)	mempelai perempuan	[mempelaj pərempuan]
inviter (vt)	mengundang	[məŋundaŋ]
lettre (f) d'invitation	kartu undangan	[kartu undaŋan]
invité (m)	tamu	[tamu]
visiter (~ les amis)	mengunjungi	[məŋundʒuɲi]
accueillir les invités	menyambut tamu	[mənjambut tamu]
cadeau (m)	hadiah	[hadiah]
offrir (un cadeau)	memberi	[memberi]
recevoir des cadeaux	menerima hadiah	[mənerima hadiah]
bouquet (m)	buket	[buket]
félicitations (f pl)	ucapan selamat	[utʃapan selamat]
féliciter (vt)	mengucapkan selamat	[məŋutʃapkan selamat]
carte (f) de veux	kartu ucapan selamat	[kartu utʃapan selamat]

| envoyer une carte | mengirim kartu pos | [məŋirim kartu pos] |
| recevoir une carte | menerima kartu pos | [mənerima kartu pos] |

toast (m)	toas	[toas]
offrir (un verre, etc.)	menawari	[mənawari]
champagne (m)	sampanye	[sampanje]

s'amuser (vp)	bersukaria	[bərsukaria]
gaieté (f)	keriangan, kegembiraan	[kerianan], [kegembira'an]
joie (f) (émotion)	kegembiraan	[kegembira'an]

| danse (f) | dansa, tari | [dansa], [tari] |
| danser (vi, vt) | berdansa, menari | [bərdansa], [menari] |

| valse (f) | wals | [wals] |
| tango (m) | tango | [taŋo] |

153. L'enterrement. Le deuil

cimetière (m)	pemakaman	[pemakaman]
tombe (f)	makam	[makam]
croix (f)	salib	[salib]
pierre (f) tombale	batu nisan	[batu nisan]
clôture (f)	pagar	[pagar]
chapelle (f)	kapel	[kapel]

mort (f)	kematian	[kematian]
mourir (vi)	mati, meninggal	[mati], [meniŋgal]
défunt (m)	almarhum	[almarhum]
deuil (m)	perkabungan	[pərkabuŋan]

enterrer (vt)	memakamkan	[memakamkan]
maison (f) funéraire	rumah duka	[rumah duka]
enterrement (m)	pemakaman	[pemakaman]

couronne (f)	karangan bunga	[karaŋan buŋa]
cercueil (m)	keranda	[keranda]
corbillard (m)	mobil jenazah	[mobil dʒˈenazah]
linceul (m)	kain kafan	[kain kafan]

cortège (m) funèbre	prosesi pemakaman	[prosesi pemakaman]
urne (f) funéraire	guci abu jenazah	[gutʃi abu dʒˈenazah]
crématoire (m)	krematorium	[krematorium]

nécrologue (m)	obituarium	[obituarium]
pleurer (vi)	menangis	[mənaŋis]
sangloter (vi)	meratap	[meratap]

154. La guerre. Les soldats

| section (f) | peleton | [peleton] |
| compagnie (f) | kompi | [kompi] |

régiment (m)	resimen	[resimen]
armée (f)	tentara	[tentara]
division (f)	divisi	[divisi]
détachement (m)	pasukan	[pasukan]
armée (f) (Moyen Âge)	tentara	[tentara]
soldat (m) (un militaire)	tentara, serdadu	[tentara], [serdadu]
officier (m)	perwira	[pərwira]
soldat (m) (grade)	prajurit	[pradʒʲurit]
sergent (m)	sersan	[sersan]
lieutenant (m)	letnan	[letnan]
capitaine (m)	kapten	[kapten]
commandant (m)	mayor	[major]
colonel (m)	kolonel	[kolonel]
général (m)	jenderal	[dʒʲenderal]
marin (m)	pelaut	[pelaut]
capitaine (m)	kapten	[kapten]
maître (m) d'équipage	bosman, bosun	[bosman], [bosun]
artilleur (m)	tentara artileri	[tentara artileri]
parachutiste (m)	pasukan penerjun	[pasukan penerdʒʲun]
pilote (m)	pilot	[pilot]
navigateur (m)	navigator, penavigasi	[navigator], [penavigasi]
mécanicien (m)	mekanik	[mekaniʔ]
démineur (m)	pencari ranjau	[pentʃari randʒʲau]
parachutiste (m)	parasutis	[parasutis]
éclaireur (m)	pengintai	[peŋintaj]
tireur (m) d'élite	penembak jitu	[penembaʔ dʒitu]
patrouille (f)	patroli	[patroli]
patrouiller (vi)	berpatroli	[bərpatroli]
sentinelle (f)	pengawal	[peŋawal]
guerrier (m)	prajurit	[pradʒʲurit]
héros (m)	pahlawan	[pahlawan]
héroïne (f)	pahlawan wanita	[pahlawan wanita]
patriote (m)	patriot	[patriot]
traître (m)	pengkhianat	[peŋhianat]
trahir (vt)	mengkhianati	[məŋhianati]
déserteur (m)	desertir	[desertir]
déserter (vt)	melakukan desersi	[melakukan desersi]
mercenaire (m)	tentara bayaran	[tentara bajaran]
recrue (f)	rekrut, calon tentara	[rekrut], [tʃalon tentara]
volontaire (m)	sukarelawan	[sukarelawan]
mort (m)	korban meninggal	[korban meniŋgal]
blessé (m)	korban luka	[korban luka]
prisonnier (m) de guerre	tawanan perang	[tawanan pəraŋ]

155. La guerre. Partie 1

guerre (f)	perang	[peraŋ]
faire la guerre	berperang	[bərperaŋ]
guerre (f) civile	perang saudara	[peraŋ saudara]
perfidement (adv)	secara curang	[setʃara tʃuraŋ]
déclaration (f) de guerre	pernyataan perang	[pərnjata'an pəraŋ]
déclarer (la guerre)	menyatakan perang	[mənjatakan pəraŋ]
agression (f)	agresi	[agresi]
attaquer (~ un pays)	menyerang	[mənjeraŋ]
envahir (vt)	menduduki	[menduduki]
envahisseur (m)	penduduk	[pendudu']
conquérant (m)	penakluk	[penaklu']
défense (f)	pertahanan	[pərtahanan]
défendre (vt)	mempertahankan	[mempertahankan]
se défendre (vp)	bertahan ...	[bərtahan ...]
ennemi (m)	musuh	[musuh]
adversaire (m)	lawan	[lawan]
ennemi (adj) (territoire ~)	musuh	[musuh]
stratégie (f)	strategi	[strategi]
tactique (f)	taktik	[takti']
ordre (m)	perintah	[pərintah]
commande (f)	perintah	[pərintah]
ordonner (vt)	memerintahkan	[memerintahkan]
mission (f)	tugas	[tugas]
secret (adj)	rahasia	[rahasia]
bataille (f)	pertempuran	[pərtempuran]
combat (m)	pertempuran	[pərtempuran]
attaque (f)	serangan	[seraŋan]
assaut (m)	serbuan	[serbuan]
prendre d'assaut	menyerbu	[mənjerbu]
siège (m)	kepungan	[kepuŋan]
offensive (f)	serangan	[seraŋan]
passer à l'offensive	menyerang	[mənjeraŋ]
retraite (f)	pengunduran	[peŋunduran]
faire retraite	mundur	[mundur]
encerclement (m)	pengepungan	[peŋepuŋan]
encercler (vt)	mengepung	[məŋepuŋ]
bombardement (m)	pengeboman	[peŋeboman]
lancer une bombe	menjatuhkan bom	[məndʒatuhkan bom]
bombarder (vt)	mengebom	[məŋebom]
explosion (f)	ledakan	[ledakan]
coup (m) de feu	tembakan	[tembakan]

| tirer un coup de feu | melepaskan | [melepaskan] |
| fusillade (f) | penembakan | [penembakan] |

viser ... (cible)	membidik	[membidi']
pointer (sur ...)	mengarahkan	[məŋarahkan]
atteindre (cible)	mengenai	[məŋenaj]

faire sombrer	menenggelamkan	[mənəŋgelamkan]
trou (m) (dans un bateau)	lubang	[lubaŋ]
sombrer (navire)	karam	[karam]

front (m)	garis depan	[garis depan]
évacuation (f)	evakuasi	[evakuasi]
évacuer (vt)	mengevakuasi	[məŋevakuasi]

tranchée (f)	parit perlindungan	[parit pərlinduŋan]
barbelés (m pl)	kawat berduri	[kawat bərduri]
barrage (m) (~ antichar)	rintangan	[rintaŋan]
tour (f) de guet	menara	[mənara]

hôpital (m)	rumah sakit militer	[rumah sakit militer]
blesser (vt)	melukai	[melukaj]
blessure (f)	luka	[luka]
blessé (m)	korban luka	[korban luka]
être blessé	terluka	[tərluka]
grave (blessure)	parah	[parah]

156. Les armes

arme (f)	senjata	[sendʒ'ata]
armes (f pl) à feu	senjata api	[sendʒ'ata api]
armes (f pl) blanches	sejata tajam	[sedʒ'ata tadʒ'am]

arme (f) chimique	senjata kimia	[sendʒ'ata kimia]
nucléaire (adj)	nuklir	[nuklir]
arme (f) nucléaire	senjata nuklir	[sendʒ'ata nuklir]

| bombe (f) | bom | [bom] |
| bombe (f) atomique | bom atom | [bom atom] |

pistolet (m)	pistol	[pistol]
fusil (m)	senapan	[senapan]
mitraillette (f)	senapan otomatis	[senapan otomatis]
mitrailleuse (f)	senapan mesin	[senapan mesin]

bouche (f)	moncong	[montʃoŋ]
canon (m)	laras	[laras]
calibre (m)	kaliber	[kaliber]

gâchette (f)	pelatuk	[pelatu']
mire (f)	pembidik	[pembidi']
magasin (m)	magasin	[magasin]
crosse (f)	pantat senapan	[pantat senapan]
grenade (f) à main	granat tangan	[granat taŋan]

explosif (m)	bahan peledak	[bahan peleda']
balle (f)	peluru	[peluru]
cartouche (f)	patrun	[patrun]
charge (f)	isian	[isian]
munitions (f pl)	amunisi	[amunisi]
bombardier (m)	pesawat pengebom	[pesawat peŋebom]
avion (m) de chasse	pesawat pemburu	[pesawat pemburu]
hélicoptère (m)	helikopter	[helikopter]
pièce (f) de D.C.A.	meriam penangkis serangan udara	[meriam penaŋkis seraŋan udara]
char (m)	tank	[tan']
canon (m) d'un char	meriam tank	[meriam tan']
artillerie (f)	artileri	[artileri]
canon (m)	meriam	[meriam]
pointer (~ l'arme)	mengarahkan	[məŋarahkan]
obus (m)	peluru	[peluru]
obus (m) de mortier	peluru mortir	[peluru mortir]
mortier (m)	mortir	[mortir]
éclat (m) d'obus	serpihan	[serpihan]
sous-marin (m)	kapal selam	[kapal selam]
torpille (f)	torpedo	[torpedo]
missile (m)	rudal	[rudal]
charger (arme)	mengisi	[məŋisi]
tirer (vi)	menembak	[mənemba']
viser ... (cible)	membidik	[membidi']
baïonnette (f)	bayonet	[bajonet]
épée (f)	pedang rapier	[pedaŋ rapier]
sabre (m)	pedang saber	[pedaŋ saber]
lance (f)	lembing	[lembiŋ]
arc (m)	busur panah	[busur panah]
flèche (f)	anak panah	[ana' panah]
mousquet (m)	senapan lantak	[senapan lanta']
arbalète (f)	busur silang	[busur silaŋ]

157. Les hommes préhistoriques

primitif (adj)	primitif	[primitif]
préhistorique (adj)	prasejarah	[prasedʒˈarah]
ancien (adj)	kuno	[kuno]
Âge (m) de pierre	Zaman Batu	[zaman batu]
Âge (m) de bronze	Zaman Perunggu	[zaman pəruŋgu]
période (f) glaciaire	Zaman Es	[zaman es]
tribu (f)	suku	[suku]
cannibale (m)	kanibal	[kanibal]
chasseur (m)	pemburu	[pemburu]

| chasser (vi, vt) | berburu | [bərburu] |
| mammouth (m) | mamut | [mamut] |

caverne (f)	gua	[gua]
feu (m)	api	[api]
feu (m) de bois	api unggun	[api uŋgun]
dessin (m) rupestre	lukisan gua	[lukisan gua]

outil (m)	alat kerja	[alat kerdʒ'a]
lance (f)	tombak	[tomba']
hache (f) en pierre	kapak batu	[kapa' batu]
faire la guerre	berperang	[bərperaŋ]
domestiquer (vt)	menjinakkan	[məndʒina'kan]

idole (f)	berhala	[bərhala]
adorer, vénérer (vt)	memuja	[memudʒ'a]
superstition (f)	takhayul	[tahajul]
rite (m)	upacara	[upatʃara]

évolution (f)	evolusi	[evolusi]
développement (m)	perkembangan	[pərkembaŋan]
disparition (f)	kehilangan	[kehilaŋan]
s'adapter (vp)	menyesuaikan diri	[mənjesuajkan diri]

archéologie (f)	arkeologi	[arkeologi]
archéologue (m)	arkeolog	[arkeolog]
archéologique (adj)	arkeologis	[arkeologis]

site (m) d'excavation	situs ekskavasi	[situs ekskavasi]
fouilles (f pl)	ekskavasi	[ekskavasi]
trouvaille (f)	penemuan	[penemuan]
fragment (m)	fragmen	[fragmen]

158. Le Moyen Âge

peuple (m)	rakyat	[rakjat]
peuples (m pl)	bangsa-bangsa	[baŋsa-baŋsa]
tribu (f)	suku	[suku]
tribus (f pl)	suku-suku	[suku-suku]

Barbares (m pl)	kaum barbar	[kaum barbar]
Gaulois (m pl)	kaum Gaul	[kaum gaul]
Goths (m pl)	kaum Goth	[kaum got]
Slaves (m pl)	kaum Slavia	[kaum slavia]
Vikings (m pl)	kaum Viking	[kaum vikiŋ]

| Romains (m pl) | kaum Roma | [kaum roma] |
| romain (adj) | Romawi | [romawi] |

byzantins (m pl)	kaum Byzantium	[kaum bizantium]
Byzance (f)	Byzantium	[bizantium]
byzantin (adj)	Byzantium	[bizantium]
empereur (m)	kaisar	[kajsar]
chef (m)	pemimpin	[pemimpin]

puissant (adj)	**adikuasa, berkuasa**	[adikuasa], [bərkuasa]
roi (m)	**raja**	[radʒʲa]
gouverneur (m)	**penguasa**	[peɳuasa]

chevalier (m)	**ksatria**	[ksatria]
féodal (m)	**tuan**	[tuan]
féodal (adj)	**feodal**	[feodal]
vassal (m)	**vasal**	[vasal]

duc (m)	**duke**	[duke]
comte (m)	**earl**	[earl]
baron (m)	**baron**	[baron]
évêque (m)	**uskup**	[uskup]

armure (f)	**baju besi**	[badʒʲu besi]
bouclier (m)	**perisai**	[perisaj]
glaive (m)	**pedang**	[pedaŋ]
visière (f)	**visor, topeng besi**	[visor], [topeŋ besi]
cotte (f) de mailles	**baju zirah**	[badʒʲu zirah]

croisade (f)	**Perang Salib**	[pəraŋ salib]
croisé (m)	**kaum salib**	[kaum salib]

territoire (m)	**wilayah**	[wilajah]
attaquer (~ un pays)	**menyerang**	[mənjeraŋ]
conquérir (vt)	**menaklukkan**	[mənakluʔkan]
occuper (envahir)	**menduduki**	[mənduduki]

siège (m)	**kepungan**	[kepuŋan]
assiégé (adj)	**terkepung**	[tərkepuŋ]
assiéger (vt)	**mengepung**	[məɳepuŋ]

inquisition (f)	**inkuisisi**	[inkuisisi]
inquisiteur (m)	**inkuisitor**	[inkuisitor]
torture (f)	**siksaan**	[siksaʔan]
cruel (adj)	**kejam**	[kedʒʲam]
hérétique (m)	**penganut bidah**	[peɳanut bidah]
hérésie (f)	**bidah**	[bidah]

navigation (f) en mer	**pelayaran laut**	[pelajaran laut]
pirate (m)	**bajak laut**	[badʒʲaʔ laut]
piraterie (f)	**pembajakan**	[pembadʒʲakan]
abordage (m)	**serangan terhadap kapal dari dekat**	[seraɳan tərhadap kapal dari dekat]

butin (m)	**rampasan**	[rampasan]
trésor (m)	**harta karun**	[harta karun]

découverte (f)	**penemuan**	[penemuan]
découvrir (vt)	**menemukan**	[mənemukan]
expédition (f)	**ekspedisi**	[ekspedisi]

mousquetaire (m)	**musketir**	[musketir]
cardinal (m)	**kardinal**	[kardinal]
héraldique (f)	**heraldik**	[heraldiʔ]
héraldique (adj)	**heraldik**	[heraldiʔ]

159. Les dirigeants. Les responsables. Les autorités

roi (m)	raja	[radʒ!a]
reine (f)	ratu	[ratu]
royal (adj)	kerajaan, raja	[keradʒ!a'an], [radʒ!a]
royaume (m)	kerajaan	[keradʒ!a'an]
prince (m)	pangeran	[paŋeran]
princesse (f)	putri	[putri]
président (m)	presiden	[presiden]
vice-président (m)	wakil presiden	[wakil presiden]
sénateur (m)	senator	[senator]
monarque (m)	monark	[monar']
gouverneur (m)	penguasa	[peŋuasa]
dictateur (m)	diktator	[diktator]
tyran (m)	tiran	[tiran]
magnat (m)	magnat	[magnat]
directeur (m)	direktur	[direktur]
chef (m)	atasan	[atasan]
gérant (m)	manajer	[manadʒ!er]
boss (m)	bos	[bos]
patron (m)	pemilik	[pemili']
leader (m)	pemimpin	[pemimpin]
chef (m) (~ d'une délégation)	kepala	[kepala]
autorités (f pl)	pihak berwenang	[piha' bərwenaŋ]
supérieurs (m pl)	atasan	[atasan]
gouverneur (m)	gabernur	[gabernur]
consul (m)	konsul	[konsul]
diplomate (m)	diplomat	[diplomat]
maire (m)	walikota	[walikota]
shérif (m)	sheriff	[ʃeriff]
empereur (m)	kaisar	[kajsar]
tsar (m)	tsar, raja	[tsar], [radʒ!a]
pharaon (m)	firaun	[firaun]
khan (m)	khan	[han]

160. Les crimes. Les criminels. Partie 1

bandit (m)	bandit	[bandit]
crime (m)	kejahatan	[kedʒ!ahatan]
criminel (m)	penjahat	[pendʒ!ahat]
voleur (m)	pencuri	[pentʃuri]
voler (qch à qn)	mencuri	[məntʃuri]
vol (m)	pencurian	[pentʃurian]
kidnapper (vt)	menculik	[məntʃuli']
kidnapping (m)	penculikan	[pentʃulikan]

kidnappeur (m)	penculik	[pentʃuliʔ]
rançon (f)	uang tebusan	[uaŋ tebusan]
exiger une rançon	menuntut uang tebusan	[mənuntut uaŋ tebusan]
cambrioler (vt)	merampok	[merampoʔ]
cambriolage (m)	perampokan	[pərampokan]
cambrioleur (m)	perampok	[pərampoʔ]
extorquer (vt)	memeras	[memeras]
extorqueur (m)	pemeras	[pemeras]
extorsion (f)	pemerasan	[pemerasan]
tuer (vt)	membunuh	[membunuh]
meurtre (m)	pembunuhan	[pembunuhan]
meurtrier (m)	pembunuh	[pembunuh]
coup (m) de feu	tembakan	[tembakan]
tirer un coup de feu	melepaskan	[melepaskan]
abattre (par balle)	menembak mati	[mənembaʔ mati]
tirer (vi)	menembak	[mənembaʔ]
coups (m pl) de feu	penembakan	[penembakan]
incident (m)	insiden, kejadian	[insiden], [kedʒadian]
bagarre (f)	perkelahian	[pərkelahian]
Au secours!	Tolong!	[toloŋ!]
victime (f)	korban	[korban]
endommager (vt)	merusak	[merusaʔ]
dommage (m)	kerusakan	[kerusakan]
cadavre (m)	jenazah, mayat	[dʒenazah], [majat]
grave (~ crime)	berat	[berat]
attaquer (vt)	menyerang	[mənjeraŋ]
battre (frapper)	memukul	[memukul]
passer à tabac	memukuli	[memukuli]
prendre (voler)	merebut	[merebut]
poignarder (vt)	menikam mati	[mənikam mati]
mutiler (vt)	mencederai	[məntʃederaj]
blesser (vt)	melukai	[melukaj]
chantage (m)	pemerasan	[pemerasan]
faire chanter	memeras	[memeras]
maître (m) chanteur	pemeras	[pemeras]
racket (m) de protection	pemerasan	[pemerasan]
racketteur (m)	pemeras	[pemeras]
gangster (m)	gangster, preman	[gaŋster], [preman]
mafia (f)	mafia	[mafia]
pickpocket (m)	pencopet	[pentʃopet]
cambrioleur (m)	perampok	[pərampoʔ]
contrebande (f) (trafic)	penyelundupan	[penjelundupan]
contrebandier (m)	penyelundup	[penjelundup]
contrefaçon (f)	pemalsuan	[pemalsuan]
falsifier (vt)	memalsukan	[memalsukan]
faux (falsifié)	palsu	[palsu]

161. Les crimes. Les criminels. Partie 2

viol (m)	**pemerkosaan**	[pemerkosaʔan]
violer (vt)	**memerkosa**	[memerkosa]
violeur (m)	**pemerkosa**	[pemerkosa]
maniaque (m)	**maniak**	[maniaʔ]
prostituée (f)	**pelacur**	[pelatʃur]
prostitution (f)	**pelacuran**	[pelatʃuran]
souteneur (m)	**germo**	[germo]
drogué (m)	**pecandu narkoba**	[petʃandu narkoba]
trafiquant (m) de drogue	**pengedar narkoba**	[peŋedar narkoba]
faire exploser	**meledakkan**	[meledaʔkan]
explosion (f)	**ledakan**	[ledakan]
mettre feu	**membakar**	[membakar]
incendiaire (m)	**pelaku pembakaran**	[pelaku pembakaran]
terrorisme (m)	**terorisme**	[tərorisme]
terroriste (m)	**teroris**	[təroris]
otage (m)	**sandera**	[sandera]
escroquer (vt)	**menipu**	[mənipu]
escroquerie (f)	**penipuan**	[penipuan]
escroc (m)	**penipu**	[penipu]
soudoyer (vt)	**menyuap**	[mənyuap]
corruption (f)	**penyuapan**	[penyuapan]
pot-de-vin (m)	**uang suap, suapan**	[uaŋ suap], [suapan]
poison (m)	**racun**	[ratʃun]
empoisonner (vt)	**meracuni**	[məratʃuni]
s'empoisonner (vp)	**meracuni diri sendiri**	[məratʃuni diri sendiri]
suicide (m)	**bunuh diri**	[bunuh diri]
suicidé (m)	**pelaku bunuh diri**	[pelaku bunuh diri]
menacer (vt)	**mengancam**	[məŋantʃam]
menace (f)	**ancaman**	[antʃaman]
attenter (vt)	**melakukan percobaan pembunuhan**	[melakukan pərtʃobaʔan pembunuhan]
attentat (m)	**percobaan pembunuhan**	[pərtʃobaʔan pembunuhan]
voler (un auto)	**mencuri**	[məntʃuri]
détourner (un avion)	**membajak**	[membadʒ'aʔ]
vengeance (f)	**dendam**	[dendam]
se venger (vp)	**membalas dendam**	[membalas dendam]
torturer (vt)	**menyiksa**	[mənjiksa]
torture (f)	**siksaan**	[siksaʔan]
tourmenter (vt)	**menyiksa**	[mənjiksa]
pirate (m)	**bajak laut**	[badʒ'aʔ laut]
voyou (m)	**berandal**	[bərandal]

armé (adj)	bersenjata	[bərsendʒˈata]
violence (f)	kekerasan	[kekerasan]
illégal (adj)	ilegal	[ilegal]

| espionnage (m) | spionase | [spionase] |
| espionner (vt) | memata-matai | [memata-mataj] |

162. La police. La justice. Partie 1

| justice (f) | keadilan | [keadilan] |
| tribunal (m) | pengadilan | [peŋadilan] |

juge (m)	hakim	[hakɪm]
jury (m)	anggota juri	[aŋgota dʒˈuri]
cour (f) d'assises	pengadilan juri	[peŋadilan dʒˈuri]
juger (vt)	mengadili	[məŋadili]

avocat (m)	advokat, pengacara	[advokat], [peŋatʃara]
accusé (m)	terdakwa	[tərdakwa]
banc (m) des accusés	bangku terdakwa	[baŋku tərdakwa]

| inculpation (f) | tuduhan | [tuduhan] |
| inculpé (m) | terdakwa | [tərdakwa] |

| condamnation (f) | hukuman | [hukuman] |
| condamner (vt) | menjatuhkan hukuman | [məndʒˈatuhkan hukuman] |

coupable (m)	bersalah	[bərsalah]
punir (vt)	menghukum	[məŋhukum]
punition (f)	hukuman	[hukuman]

amende (f)	denda	[denda]
détention (f) à vie	penjara seumur hidup	[pendʒˈara seumur hidup]
peine (f) de mort	hukuman mati	[hukuman mati]
chaise (f) électrique	kursi listrik	[kursi listriʔ]
potence (f)	tiang gantungan	[tiaŋ gantuŋan]

| exécuter (vt) | menjalankan hukuman mati | [məndʒˈalankan hukuman mati] |
| exécution (f) | hukuman mati | [hukuman mati] |

| prison (f) | penjara | [pendʒˈara] |
| cellule (f) | sel | [sel] |

escorte (f)	pengawal	[peŋawal]
gardien (m) de prison	sipir, penjaga penjara	[sipir], [pendʒˈaga pendʒˈara]
prisonnier (m)	tahanan	[tahanan]

| menottes (f pl) | borgol | [borgol] |
| mettre les menottes | memborgol | [memborgol] |

évasion (f)	pelarian	[pelarian]
s'évader (vp)	melarikan diri	[melarikan diri]
disparaître (vi)	menghilang	[məŋhilaŋ]

| libérer (vt) | membebaskan | [membebaskan] |
| amnistie (f) | amnesti | [amnesti] |

police (f)	polisi, kepolisian	[polisi], [kepolisian]
policier (m)	polisi	[polisi]
commissariat (m) de police	kantor polisi	[kantor polisi]
matraque (f)	pentungan karet	[pentuŋan karet]
haut parleur (m)	pengeras suara	[peŋeras suara]

voiture (f) de patrouille	mobil patroli	[mobil patroli]
sirène (f)	sirene	[sirene]
enclencher la sirène	membunyikan sirene	[membunjikan sirene]
hurlement (m) de la sirène	suara sirene	[suara sirene]

lieu (m) du crime	tempat kejadian perkara	[tempat kedʒadian perkara]
témoin (m)	saksi	[saksi]
liberté (f)	kebebasan	[kebebasan]
complice (m)	kaki tangan	[kaki taŋan]
s'enfuir (vp)	melarikan diri	[melarikan diri]
trace (f)	jejak	[dʒ'edʒ'a']

163. La police. La justice. Partie 2

recherche (f)	pencarian	[pentʃarian]
rechercher (vt)	mencari ...	[məntʃari ...]
suspicion (f)	kecurigaan	[ketʃuriga'an]
suspect (adj)	mencurigakan	[məntʃurigakan]
arrêter (dans la rue)	menghentikan	[məŋhentikan]
détenir (vt)	menahan	[mənahan]

affaire (f) (~ pénale)	kasus, perkara	[kasus], [pərkara]
enquête (f)	investigasi, penyidikan	[investigasi], [penjidikan]
détective (m)	detektif	[detektif]
enquêteur (m)	penyidik	[penjidi']
hypothèse (f)	hipotesis	[hipotesis]

motif (m)	motif	[motif]
interrogatoire (m)	interogasi	[interogasi]
interroger (vt)	menginterogasi	[məŋinterogasi]
interroger (~ les voisins)	menanyai	[mənanjaj]
inspection (f)	pemeriksaan	[pemeriksa'an]

rafle (f)	razia	[razia]
perquisition (f)	penggeledahan	[peŋgeledahan]
poursuite (f)	pengejaran, perburuan	[peŋedʒ'aran], [pərburuan]
poursuivre (vt)	mengejar	[məŋedʒ'ar]
dépister (vt)	melacak	[melatʃa']

arrestation (f)	penahanan	[penahanan]
arrêter (vt)	menahan	[mənahan]
attraper (~ un criminel)	menangkap	[mənaŋkap]
capture (f)	penangkapan	[penaŋkapan]
document (m)	dokumen	[dokumen]
preuve (f)	bukti	[bukti]

prouver (vt)	membuktikan	[membuktikan]
empreinte (f) de pied	jejak	[dʒʲedʒʲaʔ]
empreintes (f pl) digitales	sidik jari	[sidiʔ dʒʲari]
élément (m) de preuve	barang bukti	[baraŋ bukti]

alibi (m)	alibi	[alibi]
innocent (non coupable)	tidak bersalah	[tidaʔ bersalah]
injustice (f)	ketidakadilan	[ketidakadilan]
injuste (adj)	tidak adil	[tidaʔ adil]

criminel (adj)	pidana	[pidana]
confisquer (vt)	menyita	[menjita]
drogue (f)	narkoba	[narkoba]
arme (f)	senjata	[sendʒata]
désarmer (vt)	melucuti	[melutʃuti]
ordonner (vt)	memerintahkan	[memerintahkan]
disparaître (vi)	menghilang	[menhilaŋ]

loi (f)	hukum	[hukum]
légal (adj)	sah	[sah]
illégal (adj)	tidak sah	[tidaʔ sah]

| responsabilité (f) | tanggung jawab | [taŋguŋ dʒʲawab] |
| responsable (adj) | bertanggung jawab | [bertaŋguŋ dʒʲawab] |

LA NATURE

La Terre. Partie 1

164. L'espace cosmique

cosmos (m)	angkasa	[aŋkasa]
cosmique (adj)	angkasa	[aŋkasa]
espace (m) cosmique	ruang angkasa	[ruaŋ aŋkasa]
monde (m)	dunia	[dunia]
univers (m)	jagat raya	[dʒ'agat raja]
galaxie (f)	galaksi	[galaksi]
étoile (f)	bintang	[bintaŋ]
constellation (f)	gugusan bintang	[gugusan bintaŋ]
planète (f)	planet	[planet]
satellite (m)	satelit	[satelit]
météorite (m)	meteorit	[meteorit]
comète (f)	komet	[komet]
astéroïde (m)	asteroid	[asteroid]
orbite (f)	orbit	[orbit]
tourner (vi)	berputar	[bərputar]
atmosphère (f)	atmosfer	[atmosfer]
Soleil (m)	matahari	[matahari]
système (m) solaire	tata surya	[tata surja]
éclipse (f) de soleil	gerhana matahari	[gerhana matahari]
Terre (f)	Bumi	[bumi]
Lune (f)	Bulan	[bulan]
Mars (m)	Mars	[mars]
Vénus (f)	Venus	[venus]
Jupiter (m)	Yupiter	[yupiter]
Saturne (m)	Saturnus	[saturnus]
Mercure (m)	Merkurius	[merkurius]
Uranus (m)	Uranus	[uranus]
Neptune	Neptunus	[neptunus]
Pluton (m)	Pluto	[pluto]
la Voie Lactée	Bimasakti	[bimasakti]
la Grande Ours	Ursa Major	[ursa madʒor]
la Polaire	Bintang Utara	[bintaŋ utara]
martien (m)	makhluk Mars	[mahlu' mars]
extraterrestre (m)	makhluk ruang angkasa	[mahlu' ruaŋ aŋkasa]

alien (m)	**alien, makhluk asing**	[alien], [mahluʔ asiŋ]
soucoupe (f) volante	**piring terbang**	[piriŋ tərbaŋ]
vaisseau (m) spatial	**kapal antariksa**	[kapal antariksa]
station (f) orbitale	**stasiun antariksa**	[stasiun antariksa]
lancement (m)	**peluncuran**	[peluntʃuran]
moteur (m)	**mesin**	[mesin]
tuyère (f)	**nosel**	[nosel]
carburant (m)	**bahan bakar**	[bahan bakar]
cabine (f)	**kokpit**	[kokpit]
antenne (f)	**antena**	[antena]
hublot (m)	**jendela**	[dʒiendela]
batterie (f) solaire	**sel surya**	[sel surja]
scaphandre (m)	**pakaian antariksa**	[pakajan antariksa]
apesanteur (f)	**keadaan tanpa bobot**	[keadaʔan tanpa bobot]
oxygène (m)	**oksigen**	[oksigen]
arrimage (m)	**penggabungan**	[peŋgabuŋan]
s'arrimer à ...	**bergabung**	[bərgabuŋ]
observatoire (m)	**observatorium**	[observatorium]
télescope (m)	**teleskop**	[teleskop]
observer (vt)	**mengamati**	[məŋamati]
explorer (un cosmos)	**mengeksplorasi**	[məŋeksplorasi]

165. La Terre

Terre (f)	**Bumi**	[bumi]
globe (m) terrestre	**bola Bumi**	[bola bumi]
planète (f)	**planet**	[planet]
atmosphère (f)	**atmosfer**	[atmosfer]
géographie (f)	**geografi**	[geografi]
nature (f)	**alam**	[alam]
globe (m) de table	**globe**	[globe]
carte (f)	**peta**	[peta]
atlas (m)	**atlas**	[atlas]
Europe (f)	**Eropa**	[eropa]
Asie (f)	**Asia**	[asia]
Afrique (f)	**Afrika**	[afrika]
Australie (f)	**Australia**	[australia]
Amérique (f)	**Amerika**	[amerika]
Amérique (f) du Nord	**Amerika Utara**	[amerika utara]
Amérique (f) du Sud	**Amerika Selatan**	[amerika selatan]
l'Antarctique (m)	**Antartika**	[antartika]
l'Arctique (m)	**Arktika**	[arktika]

166. Les quatre parties du monde

nord (m)	utara	[utara]
vers le nord	ke utara	[ke utara]
au nord	di utara	[di utara]
du nord (adj)	utara	[utara]
sud (m)	selatan	[selatan]
vers le sud	ke selatan	[ke selatan]
au sud	di selatan	[di selatan]
du sud (adj)	selatan	[selatan]
ouest (m)	barat	[barat]
vers l'occident	ke barat	[ke barat]
à l'occident	di barat	[di barat]
occidental (adj)	barat	[barat]
est (m)	timur	[timur]
vers l'orient	ke timur	[ke timur]
à l'orient	di timur	[di timur]
oriental (adj)	timur	[timur]

167. Les océans et les mers

mer (f)	laut	[laut]
océan (m)	samudra	[samudra]
golfe (m)	teluk	[teluʔ]
détroit (m)	selat	[selat]
terre (f) ferme	daratan	[daratan]
continent (m)	benua	[benua]
île (f)	pulau	[pulau]
presqu'île (f)	semenanjung, jazirah	[semenandʒʲuŋ], [dʒʲazirah]
archipel (m)	kepulauan	[kepulauan]
baie (f)	teluk	[teluʔ]
port (m)	pelabuhan	[pelabuhan]
lagune (f)	laguna	[laguna]
cap (m)	tanjung	[tandʒʲuŋ]
atoll (m)	pulau karang	[pulau karaŋ]
récif (m)	terumbu	[terumbu]
corail (m)	karang	[karaŋ]
récif (m) de corail	terumbu karang	[terumbu karaŋ]
profond (adj)	dalam	[dalam]
profondeur (f)	kedalaman	[kedalaman]
abîme (m)	jurang	[dʒʲuraŋ]
fosse (f) océanique	palung	[paluŋ]
courant (m)	arus	[arus]
baigner (vt) (mer)	berbatasan dengan	[berbatasan deŋan]

| littoral (m) | pantai | [pantaj] |
| côte (f) | pantai | [pantaj] |

marée (f) haute	air pasang	[air pasaŋ]
marée (f) basse	air surut	[air surut]
banc (m) de sable	beting	[betiŋ]
fond (m)	dasar	[dasar]

vague (f)	gelombang	[gelombaŋ]
crête (f) de la vague	puncak gelombang	[puntʃa' gelombaŋ]
mousse (f)	busa, buih	[busa], [buih]

tempête (f) en mer	badai	[badaj]
ouragan (m)	topan	[topan]
tsunami (m)	tsunami	[tsunami]
calme (m)	angin tenang	[aŋin tenaŋ]
calme (tranquille)	tenang	[tenaŋ]

| pôle (m) | kutub | [kutub] |
| polaire (adj) | kutub | [kutub] |

latitude (f)	lintang	[lintaŋ]
longitude (f)	garis bujur	[garis budʒ'ur]
parallèle (f)	sejajar	[sedʒ'adʒ'ar]
équateur (m)	khatulistiwa	[hatulistiwa]

ciel (m)	langit	[laŋit]
horizon (m)	horizon	[horizon]
air (m)	udara	[udara]

phare (m)	mercusuar	[mertʃusuar]
plonger (vi)	menyelam	[mənjelam]
sombrer (vi)	karam	[karam]
trésor (m)	harta karun	[harta karun]

168. Les montagnes

montagne (f)	gunung	[gunuŋ]
chaîne (f) de montagnes	jajaran gunung	[dʒ'adʒ'aran gunuŋ]
crête (f)	sisir gunung	[sisir gunuŋ]

sommet (m)	puncak	[puntʃa']
pic (m)	puncak	[puntʃa']
pied (m)	kaki	[kaki]
pente (f)	lereng	[lereŋ]

volcan (m)	gunung api	[gunuŋ api]
volcan (m) actif	gunung api yang aktif	[gunuŋ api yaŋ aktif]
volcan (m) éteint	gunung api yang tidak aktif	[gunuŋ api yaŋ tida' aktif]

éruption (f)	erupsi, letusan	[erupsi], [letusan]
cratère (m)	kawah	[kawah]
magma (m)	magma	[magma]
lave (f)	lava, lahar	[lava], [lahar]

en fusion (lave ~)	pijar	[pidʒⁱar]
canyon (m)	kanyon	[kanjon]
défilé (m) (gorge)	jurang	[dʒⁱuraŋ]
crevasse (f)	celah	[tʃelah]
précipice (m)	jurang	[dʒⁱuraŋ]

col (m) de montagne	pass, celah	[pass], [tʃelah]
plateau (m)	plato, dataran tinggi	[plato], [dataran tiŋgi]
rocher (m)	tebing	[tebiŋ]
colline (f)	bukit	[bukit]

glacier (m)	gletser	[gletser]
chute (f) d'eau	air terjun	[air tərdʒⁱun]
geyser (m)	geiser	[geyser]
lac (m)	danau	[danau]

plaine (f)	dataran	[dataran]
paysage (m)	landskap	[landskap]
écho (m)	gema	[gema]

alpiniste (m)	pendaki gunung	[pendaki gunuŋ]
varappeur (m)	pemanjat tebing	[pemandʒⁱat tebiŋ]
conquérir (vt)	menaklukkan	[mənakluʔkan]
ascension (f)	pendakian	[pendakian]

169. Les fleuves

rivière (f), fleuve (m)	sungai	[suŋaj]
source (f)	mata air	[mata air]
lit (m) (d'une rivière)	badan sungai	[badan suŋaj]
bassin (m)	basin	[basin]
se jeter dans …	mengalir ke …	[məŋalir ke …]

| affluent (m) | anak sungai | [anaʔ suŋaj] |
| rive (f) | tebing sungai | [tebiŋ suŋaj] |

courant (m)	arus	[arus]
en aval	ke hilir	[ke hilir]
en amont	ke hulu	[ke hulu]

inondation (f)	banjir	[bandʒir]
les grandes crues	banjir	[bandʒir]
déborder (vt)	membanjiri	[membandʒiri]
inonder (vt)	membanjiri	[membandʒiri]

| bas-fond (m) | beting | [betiŋ] |
| rapide (m) | jeram | [dʒⁱeram] |

barrage (m)	dam, bendungan	[dam], [benduŋan]
canal (m)	kanal, terusan	[kanal], [tərusan]
lac (m) de barrage	waduk	[waduʔ]
écluse (f)	pintu air	[pintu air]
plan (m) d'eau	kolam	[kolam]
marais (m)	rawa	[rawa]

| fondrière (f) | bencah, paya | [bentʃah], [paja] |
| tourbillon (m) | pusaran air | [pusaran air] |

ruisseau (m)	selokan	[selokan]
potable (adj)	minum	[minum]
douce (l'eau ~)	tawar	[tawar]

| glace (f) | es | [es] |
| être gelé | membeku | [membeku] |

170. La forêt

| forêt (f) | hutan | [hutan] |
| forestier (adj) | hutan | [hutan] |

fourré (m)	hutan lebat	[hutan lebat]
bosquet (m)	hutan kecil	[hutan ketʃil]
clairière (f)	pembukaan hutan	[pembuka'an hutan]

| broussailles (f pl) | semak belukar | [sema' belukar] |
| taillis (m) | belukar | [belukar] |

| sentier (m) | jalan setapak | [dʒʲalan setapa'] |
| ravin (m) | parit | [parit] |

arbre (m)	pohon	[pohon]
feuille (f)	daun	[daun]
feuillage (m)	daun-daunan	[daun-daunan]

chute (f) de feuilles	daun berguguran	[daun berguguran]
tomber (feuilles)	luruh	[luruh]
sommet (m)	puncak	[puntʃa']

rameau (m)	cabang	[tʃabaŋ]
branche (f)	dahan	[dahan]
bourgeon (m)	tunas	[tunas]
aiguille (f)	daun jarum	[daun dʒʲarum]
pomme (f) de pin	buah pinus	[buah pinus]

creux (m)	lubang pohon	[lubaŋ pohon]
nid (m)	sarang	[saraŋ]
terrier (m) (~ d'un renard)	lubang	[lubaŋ]

tronc (m)	batang	[bataŋ]
racine (f)	akar	[akar]
écorce (f)	kulit	[kulit]
mousse (f)	lumut	[lumut]

déraciner (vt)	mencabut	[mentʃabut]
abattre (un arbre)	menebang	[menebaŋ]
déboiser (vt)	deforestasi,	[deforestasi],
	penggundulan hutan	[peŋgundulan hutan]

| souche (f) | tunggul | [tuŋgul] |
| feu (m) de bois | api unggun | [api uŋgun] |

| incendie (m) | kebakaran hutan | [kebakaran hutan] |
| éteindre (feu) | memadamkan | [memadamkan] |

garde (m) forestier	penjaga hutan	[pendʒiaga hutan]
protection (f)	perlindungan	[pərlinduŋan]
protéger (vt)	melindungi	[melinduŋi]
braconnier (m)	pemburu ilegal	[pemburu ilegal]
piège (m) à mâchoires	perangkap	[pəraŋkap]

| cueillir (vt) | memetik | [memetiʔ] |
| s'égarer (vp) | tersesat | [tərsesat] |

171. Les ressources naturelles

ressources (f pl) naturelles	sumber daya alam	[sumber daja alam]
minéraux (m pl)	bahan tambang	[bahan tambaŋ]
gisement (m)	endapan	[endapan]
champ (m) (~ pétrolifère)	ladang	[ladaŋ]

extraire (vt)	menambang	[mənambaŋ]
extraction (f)	pertambangan	[pərtambaŋan]
minerai (m)	bijih	[bidʒih]
mine (f) (site)	tambang	[tambaŋ]
puits (m) de mine	sumur tambang	[sumur tambaŋ]
mineur (m)	penambang	[penambaŋ]

| gaz (m) | gas | [gas] |
| gazoduc (m) | pipa saluran gas | [pipa saluran gas] |

pétrole (m)	petroleum, minyak	[petroleum], [minjaʔ]
pipeline (m)	pipa saluran minyak	[pipa saluran minjaʔ]
tour (f) de forage	sumur minyak	[sumur minjaʔ]
derrick (m)	menara bor minyak	[mənara bor minjaʔ]
pétrolier (m)	kapal tangki	[kapal taŋki]

sable (m)	pasir	[pasir]
calcaire (m)	batu kapur	[batu kapur]
gravier (m)	kerikil	[kerikil]
tourbe (f)	gambut	[gambut]
argile (f)	tanah liat	[tanah liat]
charbon (m)	arang	[araŋ]

fer (m)	besi	[besi]
or (m)	emas	[emas]
argent (m)	perak	[peraʔ]
nickel (m)	nikel	[nikel]
cuivre (m)	tembaga	[tembaga]

zinc (m)	seng	[seŋ]
manganèse (m)	mangan	[maŋan]
mercure (m)	air raksa	[air raksa]
plomb (m)	timbal	[timbal]
minéral (m)	mineral	[mineral]
cristal (m)	kristal, hablur	[kristal], [hablur]

marbre (m)	**marmer**	[marmer]
uranium (m)	**uranium**	[uranium]

La Terre. Partie 2

172. Le temps

temps (m)	cuaca	[ʧuaʧa]
météo (f)	prakiraan cuaca	[prakira'an ʧuaʧa]
température (f)	temperatur, suhu	[temperatur], [suhu]
thermomètre (m)	termometer	[tərmometər]
baromètre (m)	barometer	[barometer]
humide (adj)	lembap	[lembap]
humidité (f)	kelembapan	[kelembapan]
chaleur (f) (canicule)	panas, gerah	[panas], [gerah]
torride (adj)	panas terik	[panas teri']
il fait très chaud	panas	[panas]
il fait chaud	hangat	[haŋat]
chaud (modérément)	hangat	[haŋat]
il fait froid	dingin	[diŋin]
froid (adj)	dingin	[diŋin]
soleil (m)	matahari	[matahari]
briller (soleil)	bersinar	[bərsinar]
ensoleillé (jour ~)	cerah	[ʧerah]
se lever (vp)	terbit	[terbit]
se coucher (vp)	terbenam	[tərbenam]
nuage (m)	awan	[awan]
nuageux (adj)	berawan	[bərawan]
nuée (f)	awan mendung	[awan menduŋ]
sombre (adj)	mendung	[menduŋ]
pluie (f)	hujan	[hudʒian]
il pleut	hujan turun	[hudʒian turun]
pluvieux (adj)	hujan	[hudʒian]
bruiner (v imp)	gerimis	[gerimis]
pluie (f) torrentielle	hujan lebat	[hudʒian lebat]
averse (f)	hujan lebat	[hudʒian lebat]
forte (la pluie ~)	lebat	[lebat]
flaque (f)	kubangan	[kubaŋan]
se faire mouiller	kehujanan	[kehudʒianan]
brouillard (m)	kabut	[kabut]
brumeux (adj)	berkabut	[bərkabut]
neige (f)	salju	[saldʒiu]
il neige	turun salju	[turun saldʒiu]

173. Les intempéries. Les catastrophes naturelles

orage (m)	hujan badai	[hudʒian badaj]
éclair (m)	kilat	[kilat]
éclater (foudre)	berkilau	[bərkilau]
tonnerre (m)	petir	[petir]
gronder (tonnerre)	bergemuruh	[bərgemuruh]
le tonnerre gronde	bergemuruh	[bərgemuruh]
grêle (f)	hujan es	[hudʒian es]
il grêle	hujan es	[hudʒian es]
inonder (vt)	membanjiri	[membandʒiri]
inondation (f)	banjir	[bandʒir]
tremblement (m) de terre	gempa bumi	[gempa bumi]
secousse (f)	gempa	[gempa]
épicentre (m)	episentrum	[episentrum]
éruption (f)	erupsi, letusan	[erupsi], [letusan]
lave (f)	lava, lahar	[lava], [lahar]
tourbillon (m)	puting beliung	[putiŋ beliuŋ]
tornade (f)	tornado	[tornado]
typhon (m)	topan	[topan]
ouragan (m)	topan	[topan]
tempête (f)	badai	[badaj]
tsunami (m)	tsunami	[tsunami]
cyclone (m)	siklon	[siklon]
intempéries (f pl)	cuaca buruk	[tʃuatʃa buruʔ]
incendie (m)	kebakaran	[kebakaran]
catastrophe (f)	bencana	[bentʃana]
météorite (m)	meteorit	[meteorit]
avalanche (f)	longsor	[loŋsor]
éboulement (m)	salju longsor	[saldʒiu loŋsor]
blizzard (m)	badai salju	[badaj saldʒiu]
tempête (f) de neige	badai salju	[badaj saldʒiu]

La faune

174. Les mammifères. Les prédateurs

prédateur (m)	predator, pemangsa	[predator], [pemaŋsa]
tigre (m)	harimau	[harimau]
lion (m)	singa	[siŋa]
loup (m)	serigala	[serigala]
renard (m)	rubah	[rubah]
jaguar (m)	jaguar	[ʤʲaguar]
léopard (m)	leopard, macan tutul	[leopard], [maʧan tutul]
guépard (m)	cheetah	[ʧeetah]
panthère (f)	harimau kumbang	[harimau kumbaŋ]
puma (m)	singa gunung	[siŋa gunuŋ]
léopard (m) de neiges	harimau bintang salju	[harimau bintaŋ salʤʲu]
lynx (m)	lynx	[links]
coyote (m)	koyote	[koyot]
chacal (m)	jakal	[ʤʲakal]
hyène (f)	hiena	[hiena]

175. Les animaux sauvages

animal (m)	binatang	[binataŋ]
bête (f)	binatang buas	[binataŋ buas]
écureuil (m)	bajing	[baʤiŋ]
hérisson (m)	landak susu	[landaʔ susu]
lièvre (m)	terwelu	[tərwelu]
lapin (m)	kelinci	[kelinʧi]
blaireau (m)	luak	[luaʔ]
raton (m)	rakun	[rakun]
hamster (m)	hamster	[hamster]
marmotte (f)	marmut	[marmut]
taupe (f)	tikus mondok	[tikus mondoʔ]
souris (f)	tikus	[tikus]
rat (m)	tikus besar	[tikus besar]
chauve-souris (f)	kelelawar	[kelelawar]
hermine (f)	ermin	[ermin]
zibeline (f)	sabel	[sabel]
martre (f)	marten	[marten]
belette (f)	musang	[musaŋ]
vison (m)	cerpelai	[ʧerpelaj]

castor (m)	beaver	[beaver]
loutre (f)	berang-berang	[bəraŋ-bəraŋ]
cheval (m)	kuda	[kuda]
élan (m)	rusa besar	[rusa besar]
cerf (m)	rusa	[rusa]
chameau (m)	unta	[unta]
bison (m)	bison	[bison]
aurochs (m)	aurochs	[oroks]
buffle (m)	kerbau	[kerbau]
zèbre (m)	kuda belang	[kuda belaŋ]
antilope (f)	antelop	[antelop]
chevreuil (m)	kijang	[kidʒʲaŋ]
biche (f)	rusa	[rusa]
chamois (m)	chamois	[ʃemva]
sanglier (m)	babi hutan jantan	[babi hutan dʒʲantan]
baleine (f)	ikan paus	[ikan paus]
phoque (m)	anjing laut	[andʒiŋ laut]
morse (m)	walrus	[walrus]
ours (m) de mer	anjing laut berbulu	[andʒiŋ laut bərbulu]
dauphin (m)	lumba-lumba	[lumba-lumba]
ours (m)	beruang	[bəruaŋ]
ours (m) blanc	beruang kutub	[bəruaŋ kutub]
panda (m)	panda	[panda]
singe (m)	monyet	[monjet]
chimpanzé (m)	simpanse	[simpanse]
orang-outang (m)	orang utan	[oraŋ utan]
gorille (m)	gorila	[gorila]
macaque (m)	kera	[kera]
gibbon (m)	siamang, ungka	[siamaŋ], [uŋka]
éléphant (m)	gajah	[gadʒʲah]
rhinocéros (m)	badak	[badaʔ]
girafe (f)	jerapah	[dʒʲerapah]
hippopotame (m)	kuda nil	[kuda nil]
kangourou (m)	kanguru	[kaŋuru]
koala (m)	koala	[koala]
mangouste (f)	garangan	[garaŋan]
chinchilla (m)	chinchilla	[tʃintʃilla]
mouffette (f)	sigung	[siguŋ]
porc-épic (m)	landak	[landaʔ]

176. Les animaux domestiques

chat (m) (femelle)	kucing betina	[kutʃiŋ betina]
chat (m) (mâle)	kucing jantan	[kutʃiŋ dʒʲantan]
chien (m)	anjing	[andʒiŋ]

cheval (m)	kuda	[kuda]
étalon (m)	kuda jantan	[kuda dʒʲantan]
jument (f)	kuda betina	[kuda betina]
vache (f)	sapi	[sapi]
taureau (m)	sapi jantan	[sapi dʒʲantan]
bœuf (m)	lembu jantan	[lembu dʒʲantan]
brebis (f)	domba	[domba]
mouton (m)	domba jantan	[domba dʒʲantan]
chèvre (f)	kambing betina	[kambiŋ betina]
bouc (m)	kambing jantan	[kambiŋ dʒʲantan]
âne (m)	keledai	[keledaj]
mulet (m)	bagal	[bagal]
cochon (m)	babi	[babi]
pourceau (m)	anak babi	[anaʔ babi]
lapin (m)	kelinci	[kelintʃi]
poule (f)	ayam betina	[ajam betina]
coq (m)	ayam jago	[ajam dʒʲago]
canard (m)	bebek	[bebeʔ]
canard (m) mâle	bebek jantan	[bebeʔ dʒʲantan]
oie (f)	angsa	[aŋsa]
dindon (m)	kalkun jantan	[kalkun dʒʲantan]
dinde (f)	kalkun betina	[kalkun betina]
animaux (m pl) domestiques	binatang piaraan	[binataŋ piaraʔan]
apprivoisé (adj)	jinak	[dʒinaʔ]
apprivoiser (vt)	menjinakkan	[mendʒinaʔkan]
élever (vt)	membiakkan	[membiaʔkan]
ferme (f)	peternakan	[peternakan]
volaille (f)	unggas	[uŋgas]
bétail (m)	ternak	[ternaʔ]
troupeau (m)	kawanan	[kawanan]
écurie (f)	kandang kuda	[kandaŋ kuda]
porcherie (f)	kandang babi	[kandaŋ babi]
vacherie (f)	kandang sapi	[kandaŋ sapi]
cabane (f) à lapins	sangkar kelinci	[saŋkar kelintʃi]
poulailler (m)	kandang ayam	[kandaŋ ajam]

177. Le chien. Les races

chien (m)	anjing	[andʒiŋ]
berger (m)	anjing gembala	[andʒiŋ gembala]
berger (m) allemand	anjing gembala jerman	[andʒiŋ gembala dʒʲerman]
caniche (f)	pudel	[pudel]
teckel (m)	anjing tekel	[andʒiŋ tekel]
bouledogue (m)	buldog	[buldog]

boxer (m)	boxer	[bokser]
mastiff (m)	Mastiff	[mastiff]
rottweiler (m)	Rottweiler	[rotweyler]
doberman (m)	Doberman	[doberman]

basset (m)	Basset	[basset]
bobtail (m)	bobtail	[bobteyl]
dalmatien (m)	Dalmatian	[dalmatian]
cocker (m)	Cocker Spaniel	[koker spaniel]

| terre-neuve (m) | Newfoundland | [njufaundland] |
| saint-bernard (m) | Saint Bernard | [sen bərnar] |

husky (m)	Husky	[haski]
chow-chow (m)	Chow Chow	[tʃau tʃau]
spitz (m)	Spitz	[spits]
carlin (m)	Pug	[pag]

178. Les cris des animaux

aboiement (m)	salak	[sala²]
aboyer (vi)	menyalak	[mənjala²]
miauler (vi)	mengeong	[məɲeoŋ]
ronronner (vi)	mendengkur	[məndeŋkur]

meugler (vi)	melenguh	[meleŋuh]
beugler (taureau)	menguak	[məɲua²]
rugir (chien)	menggeram	[məŋgeram]

hurlement (m)	auman	[auman]
hurler (loup)	mengaum	[məɲaum]
geindre (vi)	merengek	[mereɲe²]

bêler (vi)	mengembik	[məɲembi²]
grogner (cochon)	menguik	[məɲui²]
glapir (cochon)	memekik	[memeki²]

coasser (vi)	berdengkang	[bərdeŋkaŋ]
bourdonner (vi)	mendengung	[məndeŋuŋ]
striduler (vi)	mencicit	[məntʃitʃit]

179. Les oiseaux

oiseau (m)	burung	[buruŋ]
pigeon (m)	burung dara	[buruŋ dara]
moineau (m)	burung gereja	[buruŋ geredʒʲa]
mésange (f)	burung tit	[buruŋ tit]
pie (f)	burung murai	[buruŋ muraj]

corbeau (m)	burung raven	[buruŋ raven]
corneille (f)	burung gagak	[buruŋ gaga²]
choucas (m)	burung gagak kecil	[buruŋ gaga² ketʃil]

freux (m)	burung rook	[buruŋ rooʔ]
canard (m)	bebek	[bebeʔ]
oie (f)	angsa	[aŋsa]
faisan (m)	burung kuau	[buruŋ kuau]
aigle (m)	rajawali	[radʒˈawali]
épervier (m)	elang	[elaŋ]
faucon (m)	alap-alap	[alap-alap]
vautour (m)	hering	[heriŋ]
condor (m)	kondor	[kondor]
cygne (m)	angsa	[aŋsa]
grue (f)	burung jenjang	[buruŋ dʒˈendʒˈaŋ]
cigogne (f)	bangau	[baŋau]
perroquet (m)	burung nuri	[buruŋ nuri]
colibri (m)	burung kolibri	[buruŋ kolibri]
paon (m)	burung merak	[buruŋ meraʔ]
autruche (f)	burung unta	[buruŋ unta]
héron (m)	kuntul	[kuntul]
flamant (m)	burung flamingo	[buruŋ flamiŋo]
pélican (m)	pelikan	[pelikan]
rossignol (m)	burung bulbul	[buruŋ bulbul]
hirondelle (f)	burung walet	[buruŋ walet]
merle (m)	burung jalak	[buruŋ dʒˈalaʔ]
grive (f)	burung jalak suren	[buruŋ dʒˈalaʔ suren]
merle (m) noir	burung jalak hitam	[buruŋ dʒˈalaʔ hitam]
martinet (m)	burung apus-apus	[buruŋ apus-apus]
alouette (f) des champs	burung lark	[buruŋ larʔ]
caille (f)	burung puyuh	[buruŋ puyuh]
pivert (m)	burung pelatuk	[buruŋ pelatuʔ]
coucou (m)	burung kukuk	[buruŋ kukuʔ]
chouette (f)	burung hantu	[buruŋ hantu]
hibou (m)	burung hantu bertanduk	[buruŋ hantu bertanduʔ]
tétras (m)	burung murai kayu	[buruŋ muraj kaju]
tétras-lyre (m)	burung belibis hitam	[buruŋ belibis hitam]
perdrix (f)	ayam hutan	[ajam hutan]
étourneau (m)	burung starling	[buruŋ starliŋ]
canari (m)	burung kenari	[buruŋ kenari]
gélinotte (f) des bois	ayam hutan hazel	[ajam hutan hazel]
pinson (m)	burung chaffinch	[buruŋ tʃaffintʃ]
bouvreuil (m)	burung bullfinch	[buruŋ bullfintʃ]
mouette (f)	burung camar	[buruŋ tʃamar]
albatros (m)	albatros	[albatros]
pingouin (m)	penguin	[peŋuin]

180. Les oiseaux. Le chant, les cris

chanter (vi)	menyanyi	[mənjanji]
crier (vi)	berteriak	[bərteria²]
chanter (le coq)	berkokok	[bərkoko²]
cocorico (m)	kukuruyuk	[kukuruyu²]
glousser (vi)	berkotek	[bərkote²]
croasser (vi)	berkaok-kaok	[berkao²-kao²]
cancaner (vi)	meleter	[meleter]
piauler (vi)	berdecit	[bərdetʃit]
pépier (vi)	berkicau	[bərkitʃau]

181. Les poissons. Les animaux marins

brème (f)	ikan bream	[ikan bream]
carpe (f)	ikan karper	[ikan karper]
perche (f)	ikan tilapia	[ikan tilapia]
silure (m)	lais junggang	[lajs dʒʲuŋgaŋ]
brochet (m)	ikan pike	[ikan paik]
saumon (m)	salmon	[salmon]
esturgeon (m)	ikan sturgeon	[ikan sturdʒʲen]
hareng (m)	ikan haring	[ikan hariŋ]
saumon (m) atlantique	ikan salem	[ikan salem]
maquereau (m)	ikan kembung	[ikan kembuŋ]
flet (m)	ikan sebelah	[ikan sebelah]
sandre (f)	ikan seligi tenggeran	[ikan seligi teŋgeran]
morue (f)	ikan kod	[ikan kod]
thon (m)	tuna	[tuna]
truite (f)	ikan forel	[ikan forel]
anguille (f)	belut	[belut]
torpille (f)	ikan pari listrik	[ikan pari listri²]
murène (f)	belut moray	[belut morey]
piranha (m)	ikan piranha	[ikan piranha]
requin (m)	ikan hiu	[ikan hiu]
dauphin (m)	lumba-lumba	[lumba-lumba]
baleine (f)	ikan paus	[ikan paus]
crabe (m)	kepiting	[kepitiŋ]
méduse (f)	ubur-ubur	[ubur-ubur]
pieuvre (f), poulpe (m)	gurita	[gurita]
étoile (f) de mer	bintang laut	[bintaŋ laut]
oursin (m)	landak laut	[landa² laut]
hippocampe (m)	kuda laut	[kuda laut]
huître (f)	tiram	[tiram]
crevette (f)	udang	[udaŋ]

| homard (m) | udang karang | [udaŋ karaŋ] |
| langoustine (f) | lobster berduri | [lobster berduri] |

182. Les amphibiens. Les reptiles

| serpent (m) | ular | [ular] |
| venimeux (adj) | berbisa | [berbisa] |

vipère (f)	ular viper	[ular viper]
cobra (m)	kobra	[kobra]
python (m)	ular sanca	[ular santʃa]
boa (m)	ular boa	[ular boa]

couleuvre (f)	ular tanah	[ular tanah]
serpent (m) à sonnettes	ular derik	[ular deriʔ]
anaconda (m)	ular anakonda	[ular anakonda]

lézard (m)	kadal	[kadal]
iguane (m)	iguana	[iguana]
varan (m)	biawak	[biawaʔ]
salamandre (f)	salamander	[salamander]
caméléon (m)	bunglon	[buŋlon]
scorpion (m)	kalajengking	[kaladʒʲeŋkiŋ]

tortue (f)	kura-kura	[kura-kura]
grenouille (f)	katak	[kataʔ]
crapaud (m)	kodok	[kodoʔ]
crocodile (m)	buaya	[buaja]

183. Les insectes

insecte (m)	serangga	[seraŋga]
papillon (m)	kupu-kupu	[kupu-kupu]
fourmi (f)	semut	[semut]
mouche (f)	lalat	[lalat]
moustique (m)	nyamuk	[njamuʔ]
scarabée (m)	kumbang	[kumbaŋ]

guêpe (f)	tawon	[tawon]
abeille (f)	lebah	[lebah]
bourdon (m)	kumbang	[kumbaŋ]
œstre (m)	lalat kerbau	[lalat kerbau]

| araignée (f) | laba-laba | [laba-laba] |
| toile (f) d'araignée | sarang laba-laba | [saraŋ laba-laba] |

libellule (f)	capung	[tʃapuŋ]
sauterelle (f)	belalang	[belalaŋ]
papillon (m)	ngengat	[ŋeŋat]

| cafard (m) | kecoa | [ketʃoa] |
| tique (f) | kutu | [kutu] |

puce (f)	**kutu loncat**	[kutu lontʃat]
moucheron (m)	**agas**	[agas]
criquet (m)	**belalang**	[belalaŋ]
escargot (m)	**siput**	[siput]
grillon (m)	**jangkrik**	[dʒiaŋkriʔ]
luciole (f)	**kunang-kunang**	[kunaŋ-kunaŋ]
coccinelle (f)	**kumbang koksi**	[kumbaŋ koksi]
hanneton (m)	**kumbang Cockchafer**	[kumbaŋ kokʃafer]
sangsue (f)	**lintah**	[lintah]
chenille (f)	**ulat**	[ulat]
ver (m)	**cacing**	[tʃatʃiŋ]
larve (f)	**larva**	[larva]

184. Les parties du corps des animaux

bec (m)	**paruh**	[paruh]
ailes (f pl)	**sayap**	[sajap]
patte (f)	**kaki**	[kaki]
plumage (m)	**bulu-bulu**	[bulu-bulu]
plume (f)	**bulu**	[bulu]
houppe (f)	**jambul**	[dʒiambul]
ouïes (f pl)	**insang**	[insaŋ]
œufs (m pl)	**telur ikan**	[telur ikan]
larve (f)	**larva**	[larva]
nageoire (f)	**sirip**	[sirip]
écaille (f)	**sisik**	[sisiʔ]
croc (m)	**taring**	[tariŋ]
patte (f)	**kaki**	[kaki]
museau (m)	**moncong**	[montʃoŋ]
gueule (f)	**mulut**	[mulut]
queue (f)	**ekor**	[ekor]
moustaches (f pl)	**kumis**	[kumis]
sabot (m)	**tapak, kuku**	[tapak], [kuku]
corne (f)	**tanduk**	[tanduʔ]
carapace (f)	**cangkang**	[tʃaŋkaŋ]
coquillage (m)	**kerang**	[keraŋ]
coquille (f) d'œuf	**kulit telur**	[kulit telur]
poil (m)	**bulu**	[bulu]
peau (f)	**kulit**	[kulit]

185. Les habitats des animaux

habitat (m) naturel	**habitat**	[habitat]
migration (f)	**migrasi**	[migrasi]
montagne (f)	**gunung**	[gunuŋ]

| récif (m) | terumbu | [tərumbu] |
| rocher (m) | tebing | [tebiŋ] |

forêt (f)	hutan	[hutan]
jungle (f)	rimba	[rimba]
savane (f)	sabana	[sabana]
toundra (f)	tundra	[tundra]

steppe (f)	stepa	[stepa]
désert (m)	gurun	[gurun]
oasis (f)	oasis, oase	[oasis], [oase]

mer (f)	laut	[laut]
lac (m)	danau	[danau]
océan (m)	samudra	[samudra]

marais (m)	rawa	[rawa]
d'eau douce (adj)	air tawar	[air tawar]
étang (m)	kolam	[kolam]
rivière (f), fleuve (m)	sungai	[suɲaj]

tanière (f)	goa	[goa]
nid (m)	sarang	[saraŋ]
creux (m)	lubang pohon	[lubaŋ pohon]
terrier (m) (~ d'un renard)	lubang	[lubaŋ]
fourmilière (f)	sarang semut	[saraŋ semut]

La flore

186. Les arbres

arbre (m)	pohon	[pohon]
à feuilles caduques	daun luruh	[daun luruh]
conifère (adj)	pohon jarum	[pohon ʤ|arum]
à feuilles persistantes	selalu hijau	[selalu hiʤ|au]
pommier (m)	pohon apel	[pohon apel]
poirier (m)	pohon pir	[pohon pir]
merisier (m)	pohon ceri manis	[pohon ʧeri manis]
cerisier (m)	pohon ceri asam	[pohon ʧeri asam]
prunier (m)	pohon plum	[pohon plum]
bouleau (m)	pohon berk	[pohon berʔ]
chêne (m)	pohon eik	[pohon eiʔ]
tilleul (m)	pohon linden	[pohon linden]
tremble (m)	pohon aspen	[pohon aspen]
érable (m)	pohon mapel	[pohon mapel]
épicéa (m)	pohon den	[pohon den]
pin (m)	pohon pinus	[pohon pinus]
mélèze (m)	pohon larch	[pohon larʧ]
sapin (m)	pohon fir	[pohon fir]
cèdre (m)	pohon aras	[pohon aras]
peuplier (m)	pohon poplar	[pohon poplar]
sorbier (m)	pohon rowan	[pohon rowan]
saule (m)	pohon dedalu	[pohon dedalu]
aune (m)	pohon alder	[pohon alder]
hêtre (m)	pohon nothofagus	[pohon notofagus]
orme (m)	pohon elm	[pohon elm]
frêne (m)	pohon abu	[pohon abu]
marronnier (m)	kastanye	[kastanje]
magnolia (m)	magnolia	[magnolia]
palmier (m)	palem	[palem]
cyprès (m)	pokok cipres	[pokoʔ sipres]
palétuvier (m)	bakau	[bakau]
baobab (m)	baobab	[baobab]
eucalyptus (m)	kayu putih	[kaju putih]
séquoia (m)	sequoia	[sekuoia]

187. Les arbustes

buisson (m)	rumpun	[rumpun]
arbrisseau (m)	semak	[semaʔ]

| vigne (f) | pohon anggur | [pohon aŋgur] |
| vigne (f) (vignoble) | kebun anggur | [kebun aŋgur] |

framboise (f)	pohon frambus	[pohon frambus]
cassis (m)	pohon blackcurrant	[pohon ble'karen]
groseille (f) rouge	pohon redcurrant	[pohon redkaren]
groseille (f) verte	pohon arbei hijau	[pohon arbei hidʒiau]

acacia (m)	pohon akasia	[pohon akasia]
berbéris (m)	pohon barberis	[pohon barberis]
jasmin (m)	melati	[melati]

genévrier (m)	pohon juniper	[pohon dʒiuniper]
rosier (m)	pohon mawar	[pohon mawar]
églantier (m)	pohon mawar liar	[pohon mawar liar]

188. Les champignons

champignon (m)	jamur	[dʒiamur]
champignon (m) comestible	jamur makanan	[dʒiamur makanan]
champignon (m) vénéneux	jamur beracun	[dʒiamur bəratʃun]
chapeau (m)	kepala jamur	[kepala dʒiamur]
pied (m)	batang jamur	[bataŋ dʒiamur]

cèpe (m)	jamur boletus	[dʒiamur boletus]
bolet (m) orangé	jamur topi jingga	[dʒiamur topi dʒiŋga]
bolet (m) bai	jamur boletus berk	[dʒiamur boletus bər']
girolle (f)	jamur chanterelle	[dʒiamur tʃanterelle]
russule (f)	jamur rusula	[dʒiamur rusula]

morille (f)	jamur morel	[dʒiamur morel]
amanite (f) tue-mouches	jamur Amanita muscaria	[dʒiamur amanita mustʃaria]
oronge (f) verte	jamur topi kematian	[dʒiamur topi kematian]

189. Les fruits. Les baies

| fruit (m) | buah | [buah] |
| fruits (m pl) | buah-buahan | [buah-buahan] |

pomme (f)	apel	[apel]
poire (f)	pir	[pir]
prune (f)	plum	[plum]

fraise (f)	stroberi	[stroberi]
cerise (f)	buah ceri asam	[buah tʃeri asam]
merise (f)	buah ceri manis	[buah tʃeri manis]
raisin (m)	buah anggur	[buah aŋgur]

framboise (f)	buah frambus	[buah frambus]
cassis (m)	blackcurrant	[ble'karen]
groseille (f) rouge	redcurrant	[redkaren]
groseille (f) verte	buah arbei hijau	[buah arbei hidʒiau]

canneberge (f)	**buah kranberi**	[buah kranberi]
orange (f)	**jeruk manis**	[dʒ'eruˀ manis]
mandarine (f)	**jeruk mandarin**	[dʒ'eruˀ mandarin]
ananas (m)	**nanas**	[nanas]
banane (f)	**pisang**	[pisaŋ]
datte (f)	**buah kurma**	[buah kurma]
citron (m)	**jeruk sitrun**	[dʒ'eruˀ sitrun]
abricot (m)	**aprikot**	[aprikot]
pêche (f)	**persik**	[persiˀ]
kiwi (m)	**kiwi**	[kiwi]
pamplemousse (m)	**jeruk Bali**	[dʒ'eruˀ bali]
baie (f)	**buah beri**	[buah bəri]
baies (f pl)	**buah-buah beri**	[buah-buah bəri]
airelle (f) rouge	**buah cowberry**	[buah kowberi]
fraise (f) des bois	**stroberi liar**	[stroberi liar]
myrtille (f)	**buah bilberi**	[buah bilberi]

190. Les fleurs. Les plantes

fleur (f)	**bunga**	[buŋa]
bouquet (m)	**buket**	[buket]
rose (f)	**mawar**	[mawar]
tulipe (f)	**tulip**	[tulip]
oeillet (m)	**bunga anyelir**	[buŋa anjelir]
glaïeul (m)	**bunga gladiol**	[buŋa gladiol]
bleuet (m)	**cornflower**	[kornflawa]
campanule (f)	**bunga lonceng biru**	[buŋa lontʃeŋ biru]
dent-de-lion (f)	**dandelion**	[dandelion]
marguerite (f)	**bunga margrit**	[buŋa margrit]
aloès (m)	**lidah buaya**	[lidah buaja]
cactus (m)	**kaktus**	[kaktus]
ficus (m)	**pohon ara**	[pohon ara]
lis (m)	**bunga lili**	[buŋa lili]
géranium (m)	**geranium**	[geranium]
jacinthe (f)	**bunga bakung lembayung**	[buŋa bakuŋ lembajuŋ]
mimosa (m)	**putri malu**	[putri malu]
jonquille (f)	**bunga narsis**	[buŋa narsis]
capucine (f)	**bunga nasturtium**	[buŋa nasturtium]
orchidée (f)	**anggrek**	[aŋgreˀ]
pivoine (f)	**bunga peoni**	[buŋa peoni]
violette (f)	**bunga violet**	[buŋa violet]
pensée (f)	**bunga pansy**	[buŋa pansi]
myosotis (m)	**bunga jangan-lupakan-daku**	[buŋa dʒ'aŋan-lupakan-daku]
pâquerette (f)	**bunga desi**	[buŋa desi]

coquelicot (m)	bunga madat	[buŋa madat]
chanvre (m)	rami	[rami]
menthe (f)	mint	[min]

| muguet (m) | lili lembah | [lili lembah] |
| perce-neige (f) | bunga tetesan salju | [buŋa tetesan saldʒʲu] |

ortie (f)	jelatang	[dʒʲelataŋ]
oseille (f)	daun sorrel	[daun sorrel]
nénuphar (m)	lili air	[lili air]
fougère (f)	pakis	[pakis]
lichen (m)	lichen	[litʃen]

serre (f) tropicale	rumah kaca	[rumah katʃa]
gazon (m)	halaman berumput	[halaman berumput]
parterre (m) de fleurs	bedeng bunga	[bedeŋ buŋa]

plante (f)	tumbuhan	[tumbuhan]
herbe (f)	rumput	[rumput]
brin (m) d'herbe	sehelai rumput	[sehelaj rumput]

feuille (f)	daun	[daun]
pétale (m)	kelopak	[kelopaʔ]
tige (f)	batang	[bataŋ]
tubercule (m)	ubi	[ubi]

| pousse (f) | tunas | [tunas] |
| épine (f) | duri | [duri] |

fleurir (vi)	berbunga	[berbuŋa]
se faner (vp)	layu	[laju]
odeur (f)	bau	[bau]
couper (vt)	memotong	[memotoŋ]
cueillir (fleurs)	memetik	[memetiʔ]

191. Les cêrêales

grains (m pl)	biji-bijian	[bidʒi-bidʒian]
céréales (f pl) (plantes)	padi-padian	[padi-padian]
épi (m)	bulir	[bulir]

blé (m)	gandum	[gandum]
seigle (m)	gandum hitam	[gandum hitam]
avoine (f)	oat	[oat]
millet (m)	jawawut	[dʒʲawawut]
orge (f)	jelai	[dʒʲelaj]

maïs (m)	jagung	[dʒʲaguŋ]
riz (m)	beras	[beras]
sarrasin (m)	buckwheat	[bakvit]

pois (m)	kacang polong	[katʃaŋ poloŋ]
haricot (m)	kacang buncis	[katʃaŋ buntʃis]
soja (m)	kacang kedelai	[katʃaŋ kedelaj]

| lentille (f) | **kacang lentil** | [katʃaŋ lentil] |
| fèves (f pl) | **kacang-kacangan** | [katʃaŋ-katʃaŋan] |

LA GÉOGRAPHIE RÉGIONALE

Les pays du monde. Les nationalités

192. La politique. Le gouvernement. Partie 1

politique (f)	politik	[politi']
politique (adj)	politis	[politis]
homme (m) politique	politisi, politikus	[politisi], [politikus]
état (m)	negara	[negara]
citoyen (m)	warganegara	[warganegara]
citoyenneté (f)	kewarganegaraan	[kewarganegara'an]
armoiries (f pl) nationales	lambang negara	[lambaŋ negara]
hymne (m) national	lagu kebangsaan	[lagu kebaŋsa'an]
gouvernement (m)	pemerintah	[pemerintah]
chef (m) d'état	kepala negara	[kepala negara]
parlement (m)	parlemen	[parlemen]
parti (m)	partai	[partaj]
capitalisme (m)	kapitalisme	[kapitalisme]
capitaliste (adj)	kapitalis	[kapitalis]
socialisme (m)	sosialisme	[sosialisme]
socialiste (adj)	sosialis	[sosialis]
communisme (m)	komunisme	[komunisme]
communiste (adj)	komunis	[komunis]
communiste (m)	orang komunis	[oraŋ komunis]
démocratie (f)	demokrasi	[demokrasi]
démocrate (m)	demokrat	[demokrat]
démocratique (adj)	demokratis	[demokratis]
parti (m) démocratique	Partai Demokrasi	[partaj demokrasi]
libéral (m)	orang liberal	[oraŋ liberal]
libéral (adj)	liberal	[liberal]
conservateur (m)	orang yang konservatif	[oraŋ yaŋ konservatif]
conservateur (adj)	konservatif	[konservatif]
république (f)	republik	[republi']
républicain (m)	pendukung Partai Republik	[pendukuŋ partaj republi']
parti (m) républicain	Partai Republik	[partaj republi']
élections (f pl)	pemilu	[pemilu]
élire (vt)	memilih	[memilih]
électeur (m)	pemilih	[pemilih]

campagne (f) électorale	kampanye pemilu	[kampane pemilu]
vote (m)	pemungutan suara	[pemuŋutan suara]
voter (vi)	memberikan suara	[memberikan suara]
droit (m) de vote	hak suara	[haʔ suara]

candidat (m)	kandidat, calon	[kandidat], [ʧalon]
poser sa candidature	mencalonkan diri	[menʧalonkan diri]
campagne (f)	kampanye	[kampanje]

| d'opposition (adj) | oposisi | [oposisi] |
| opposition (f) | oposisi | [oposisi] |

visite (f)	kunjungan	[kundʒ/uŋan]
visite (f) officielle	kunjungan resmi	[kundʒ/uŋan resmi]
international (adj)	internasional	[internasional]

| négociations (f pl) | negosiasi, perundingan | [negosiasi], [perundiŋan] |
| négocier (vi) | bernegosiasi | [bernegosiasi] |

193. La politique. Le gouvernement. Partie 2

société (f)	masyarakat	[maʃarakat]
constitution (f)	Konstitusi, Undang-Undang Dasar	[konstitusi], [undaŋ-undaŋ dasar]
pouvoir (m)	kekuasaan	[kekuasaʔan]
corruption (f)	korupsi	[korupsi]

| loi (f) | hukum | [hukum] |
| légal (adj) | sah | [sah] |

| justice (f) | keadilan | [keadilan] |
| juste (adj) | adil | [adil] |

comité (m)	komite	[komite]
projet (m) de loi	rancangan undang-undang	[ranʧaŋan undaŋ-undaŋ]
budget (m)	anggaran belanja	[aŋgaran belandʒ/a]
politique (f)	kebijakan	[kebidʒ/akan]
réforme (f)	reformasi	[reformasi]
radical (adj)	radikal	[radikal]

puissance (f)	kuasa	[kuasa]
puissant (adj)	adikuasa, berkuasa	[adikuasa], [berkuasa]
partisan (m)	pendukung	[pendukuŋ]
influence (f)	pengaruh	[peŋaruh]

régime (m)	rezim	[rezim]
conflit (m)	konflik	[konfliʔ]
complot (m)	komplotan	[komplotan]
provocation (f)	provokasi	[provokasi]

renverser (le régime)	menggulingkan	[meŋguliŋkan]
renversement (m)	penggulingan	[peŋguliŋan]
révolution (f)	revolusi	[revolusi]
coup (m) d'État	kudeta	[kudeta]

coup (m) d'État militaire	kudeta militer	[kudeta militer]
crise (f)	krisis	[krisis]
baisse (f) économique	resesi ekonomi	[resesi ekonomi]
manifestant (m)	pendemo	[pendemo]
manifestation (f)	demonstrasi	[demonstrasi]
loi (f) martiale	darurat militer	[darurat militer]
base (f) militaire	pangkalan militer	[paŋkalan militer]

stabilité (f)	stabilitas	[stabilitas]
stable (adj)	stabil	[stabil]

exploitation (f)	eksploitasi	[eksploitasi]
exploiter (vt)	mengeksploitasi	[məŋeksploitasi]

racisme (m)	rasisme	[rasisme]
raciste (m)	rasis	[rasis]
fascisme (m)	fasisme	[fasisme]
fasciste (m)	fasis	[fasis]

194. Les différents pays du monde. Divers

étranger (m)	orang asing	[oraŋ asiŋ]
étranger (adj)	asing	[asiŋ]
à l'étranger (adv)	di luar negeri	[di luar negeri]

émigré (m)	emigran	[emigran]
émigration (f)	emigrasi	[emigrasi]
émigrer (vi)	beremigrasi	[bəremigrasi]

Ouest (m)	Barat	[barat]
Est (m)	Timur	[timur]
Extrême Orient (m)	Timur Jauh	[timur dʒʲauh]

civilisation (f)	peradaban	[pəradaban]
humanité (f)	umat manusia	[umat manusia]
monde (m)	dunia	[dunia]
paix (f)	perdamaian	[pərdamajan]
mondial (adj)	sedunia	[sedunia]

patrie (f)	tanah air	[tanah air]
peuple (m)	rakyat	[rakjat]
population (f)	populasi, penduduk	[populasi], [penduduʔ]
gens (m pl)	orang-orang	[oraŋ-oraŋ]
nation (f)	bangsa	[baŋsa]
génération (f)	generasi	[generasi]

territoire (m)	wilayah	[wilajah]
région (f)	kawasan	[kawasan]
état (m) (partie du pays)	negara bagian	[negara bagian]

tradition (f)	tradisi	[tradisi]
coutume (f)	adat	[adat]
écologie (f)	ekologi	[ekologi]
indien (m)	orang Indian	[oraŋ indian]

bohémien (m)	lelaki Gipsi	[lelaki gipsi]
bohémienne (f)	wanita Gipsi	[wanita gipsi]
bohémien (adj)	Gipsi, Rom	[gipsi], [rom]

empire (m)	kekaisaran	[kekajsaran]
colonie (f)	koloni, negeri jajahan	[koloni], [negeri ʤⁱaʤⁱahan]
esclavage (m)	perbudakan	[pərbudakan]
invasion (f)	invasi, penyerbuan	[invasi], [penerbuan]
famine (f)	kelaparan, paceklik	[kelaparan], [paʧekliʔ]

195. Les groupes religieux. Les confessions

religion (f)	agama	[agama]
religieux (adj)	religius	[religius]

foi (f)	keyakinan, iman	[keyakɪnan], [iman]
croire (en Dieu)	percaya	[pərʧaja]
croyant (m)	penganut agama	[peŋanut agama]

athéisme (m)	ateisme	[ateisme]
athée (m)	ateis	[ateis]

christianisme (m)	agama Kristen	[agama kristen]
chrétien (m)	orang Kristen	[oraŋ kristen]
chrétien (adj)	Kristen	[kristen]

catholicisme (m)	agama Katolik	[agama katoliʔ]
catholique (m)	orang Katolik	[oraŋ katoliʔ]
catholique (adj)	Katolik	[katoliʔ]

protestantisme (m)	Protestanisme	[protestanisme]
Église (f) protestante	Gereja Protestan	[gereʤⁱa protestan]
protestant (m)	Protestan	[protestan]

Orthodoxie (f)	Kristen Ortodoks	[kristen ortodoks]
Église (f) orthodoxe	Gereja Kristen Ortodoks	[gereʤⁱa kristen ortodoks]
orthodoxe (m)	Ortodoks	[ortodoks]

Presbytérianisme (m)	Gereja Presbiterian	[gereʤⁱa presbiterian]
Église (f) presbytérienne	Gereja Presbiterian	[gereʤⁱa presbiterian]
presbytérien (m)	penganut	[peŋanut
	Gereja Presbiterian	gereʤⁱa presbiterian]

Église (f) luthérienne	Gereja Lutheran	[gereʤⁱa luteran]
luthérien (m)	pengikut Gereja Lutheran	[peŋikut gereʤⁱa luteran]

Baptisme (m)	Gereja Baptis	[gereʤⁱa baptis]
baptiste (m)	penganut Gereja Baptis	[peŋanut gereʤⁱa baptis]

Église (f) anglicane	Gereja Anglikan	[gereʤⁱa aŋlikan]
anglican (m)	penganut Anglikanisme	[peŋanut aŋlikanisme]
Mormonisme (m)	Mormonisme	[mormonisme]
mormon (m)	Mormon	[mormon]
judaïsme (m)	agama Yahudi	[agama yahudi]

juif (m)	orang Yahudi	[oraŋ yahudi]
Bouddhisme (m)	agama Buddha	[agama budda]
bouddhiste (m)	penganut Buddha	[peŋanut budda]
hindouisme (m)	agama Hindu	[agama hindu]
hindouiste (m)	penganut Hindu	[peŋanut hindu]
islam (m)	Islam	[islam]
musulman (m)	Muslim	[muslim]
musulman (adj)	Muslim	[muslim]
Chiisme (m)	Syi'ah	[ʃi-a]
chiite (m)	penganut Syi'ah	[peŋanut ʃi-a]
Sunnisme (m)	Sunni	[sunni]
sunnite (m)	ahli Sunni	[ahli sunni]

196. Les principales religions. Le clergé

prêtre (m)	pendeta	[pendeta]
Pape (m)	Paus	[paus]
moine (m)	biarawan, rahib	[biarawan], [rahib]
bonne sœur (f)	biarawati	[biarawati]
pasteur (m)	pastor	[pastor]
abbé (m)	abbas	[abbas]
vicaire (m)	vikaris	[vikaris]
évêque (m)	uskup	[uskup]
cardinal (m)	kardinal	[kardinal]
prédicateur (m)	pengkhotbah	[peŋhotbah]
sermon (m)	khotbah	[hotbah]
paroissiens (m pl)	ahli paroki	[ahli paroki]
croyant (m)	penganut agama	[peŋanut agama]
athée (m)	ateis	[ateis]

197. La foi. Le Christianisme. L'Islam

Adam	Adam	[adam]
Ève	Hawa	[hawa]
Dieu (m)	Tuhan	[tuhan]
le Seigneur	Tuhan	[tuhan]
le Tout-Puissant	Yang Maha Kuasa	[yaŋ maha kuasa]
péché (m)	dosa	[dosa]
pécher (vi)	berdosa	[berdosa]
pécheur (m)	pedosa lelaki	[pedosa lelaki]
pécheresse (f)	pedosa wanita	[pedosa wanita]
enfer (m)	neraka	[neraka]
paradis (m)	surga	[surga]

| Jésus | Yesus | [yesus] |
| Jésus Christ | Yesus Kristus | [yesus kristus] |

le Saint-Esprit	Roh Kudus	[roh kudus]
le Sauveur	Juru Selamat	[dʒʲuru selamat]
la Sainte Vierge	Perawan Maria	[perawan maria]

le Diable	Iblis	[iblis]
diabolique (adj)	setan	[setan]
Satan	setan	[setan]
satanique (adj)	setan	[setan]

ange (m)	malaikat	[malajkat]
ange (m) gardien	malaikat pelindung	[malajkat pelinduŋ]
angélique (adj)	malaikat	[malajkat]

apôtre (m)	rasul	[rasul]
archange (m)	malaikat utama	[malajkat utama]
antéchrist (m)	Antikristus	[antikristus]

Église (f)	Gereja	[geredʒʲa]
Bible (f)	Alkitab	[alkitab]
biblique (adj)	Alkitab	[alkitab]

Ancien Testament (m)	Perjanjian Lama	[perdʒʲandʒian lama]
Nouveau Testament (m)	Perjanjian Baru	[perdʒʲandʒian baru]
Évangile (m)	Injil	[indʒil]
Sainte Écriture (f)	Kitab Suci	[kitab sutʃi]
Cieux (m pl)	Surga	[surga]

commandement (m)	Perintah Allah	[perintah allah]
prophète (m)	nabi	[nabi]
prophétie (f)	ramalan	[ramalan]

Allah	Allah	[alah]
Mahomet	Muhammad	[muhammad]
le Coran	Al Quran	[al kur'an]

mosquée (f)	masjid	[masdʒid]
mulla (m)	mullah	[mullah]
prière (f)	sembahyang, doa	[sembahjaŋ], [doa]
prier (~ Dieu)	bersembahyang, berdoa	[bersembahjaŋ], [berdoa]

pèlerinage (m)	ziarah	[ziarah]
pèlerin (m)	peziarah	[peziarah]
La Mecque	Mekah	[mekah]

église (f)	gereja	[geredʒʲa]
temple (m)	kuil, candi	[kuil], [tʃandi]
cathédrale (f)	katedral	[katedral]
gothique (adj)	Gotik	[gotiʔ]
synagogue (f)	sinagoga, kanisah	[sinagoga], [kanisah]
mosquée (f)	masjid	[masdʒid]

| chapelle (f) | kapel | [kapel] |
| abbaye (f) | keabbasan | [keabbasan] |

| couvent (m) | biara | [biara] |
| monastère (m) | biara | [biara] |

cloche (f)	lonceng	[lontʃeŋ]
clocher (m)	menara lonceng	[mənara lontʃeŋ]
sonner (vi)	berbunyi	[bərbunji]

croix (f)	salib	[salib]
coupole (f)	kubah	[kubah]
icône (f)	ikon	[ikon]

âme (f)	jiwa	[dʒiwa]
sort (m) (destin)	takdir	[takdir]
mal (m)	kejahatan	[kedʒ'ahatan]
bien (m)	kebaikan	[kebajkan]

vampire (m)	vampir	[vampir]
sorcière (f)	tukang sihir	[tukaŋ sihir]
démon (m)	iblis	[iblis]
esprit (m)	roh	[roh]

| rachat (m) | penebusan | [penebusan] |
| racheter (pécheur) | menebus | [mənebus] |

office (m), messe (f)	misa	[misa]
dire la messe	menyelenggarakan misa	[mənjeleŋgarakan misa]
confession (f)	pengakuan dosa	[peɲakuan dosa]
se confesser (vp)	mengaku dosa	[məɲaku dosa]

saint (m)	santo	[santo]
sacré (adj)	suci, kudus	[sutʃi], [kudus]
l'eau bénite	air suci	[air sutʃi]

rite (m)	ritus	[ritus]
rituel (adj)	ritual	[ritual]
sacrifice (m)	pengorbangan	[peŋorbaŋan]

superstition (f)	takhayul	[tahajul]
superstitieux (adj)	bertakhayul	[bərtahajul]
vie (f) après la mort	akhirat	[ahirat]
vie (f) éternelle	hidup abadi	[hidup abadi]

DIVERS

198. Quelques mots et formules utiles

aide (f)	bantuan	[bantuan]
arrêt (m) (pause)	perhentian	[pərhentian]
balance (f)	keseimbangan	[keseimbaŋan]
barrière (f)	rintangan	[rintaŋan]
base (f)	basis, dasar	[basis], [dasar]
catégorie (f)	kategori	[kategori]
cause (f)	sebab	[sebab]
choix (m)	pilihan	[pilihan]
chose (f) (objet)	barang	[baraŋ]
coïncidence (f)	kebetulan	[kebetulan]
comparaison (f)	perbandingan	[pərbandiŋan]
compensation (f)	kompensasi, ganti rugi	[kompensasi], [ganti rugi]
confortable (adj)	nyaman	[njaman]
croissance (f)	pertumbuhan	[pərtumbuhan]
début (m)	permulaan	[pərmula'an]
degré (m) (~ de liberté)	tingkat	[tiŋkat]
développement (m)	perkembangan	[pərkembaŋan]
différence (f)	perbedaan	[pərbeda'an]
d'urgence (adv)	segera	[segera]
effet (m)	efek, pengaruh	[efek], [peŋaruh]
effort (m)	usaha	[usaha]
élément (m)	unsur	[unsur]
exemple (m)	contoh	[tʃontoh]
fait (m)	fakta	[fakta]
faute, erreur (f)	kesalahan	[kesalahan]
fin (f)	akhir	[ahir]
fond (m) (arrière-plan)	latar belakang	[latar belakaŋ]
forme (f)	bentuk, rupa	[bentuk], [rupa]
fréquent (adj)	kerap, sering	[kerap], [seriŋ]
genre (m) (type, sorte)	jenis	[dʒ'enis]
idéal (m)	ideal	[ideal]
labyrinthe (m)	labirin	[labirin]
mode (m) (méthode)	cara	[tʃara]
moment (m)	saat, waktu	[sa'at], [waktu]
objet (m)	objek	[obdʒ'e']
obstacle (m)	rintangan	[rintaŋan]
original (m)	orisinal, dokumen asli	[orisinal], [dokumen asli]
part (f)	bagian	[bagian]
particule (f)	partikel, bagian kecil	[partikel], [bagian ketʃil]

pause (f)	istirahat	[istirahat]
position (f)	posisi	[posisi]
principe (m)	prinsip	[prinsip]
problème (m)	masalah	[masalah]
processus (m)	proses	[proses]
progrès (m)	kemajuan	[kemadʒ'uan]
propriété (f) (qualité)	sifat	[sifat]
réaction (f)	reaksi	[reaksi]
risque (m)	risiko	[risiko]
secret (m)	rahasia	[rahasia]
série (f)	rangkaian	[raŋkajan]
situation (f)	situasi	[situasi]
solution (f)	solusi, penyelesaian	[solusi], [penjelesajan]
standard (adj)	standar	[standar]
standard (m)	standar	[standar]
style (m)	gaya	[gaja]
système (m)	sistem	[sistem]
tableau (m) (grille)	tabel	[tabel]
tempo (m)	tempo, laju	[tempo], [ladʒ'u]
terme (m)	istilah	[istilah]
tour (m) (attends ton ~)	giliran	[giliran]
type (m) (~ de sport)	jenis	[dʒ'enis]
urgent (adj)	segera	[segera]
utilité (f)	kegunaan	[keguna'an]
vérité (f)	kebenaran	[kebenaran]
version (f)	varian	[varian]
zone (f)	zona	[zona]